양상국 바둑특강

절묘한 맥 ⑤ 끝내기

양 상 국

NANAM
나남출판

책머리에

　중국 고대의 성왕 요·순이 창시한 것으로 전해지는 바둑은 21세기에 이르기까지 누천년의 역사를 면면히 이어오고 있다. 바둑은 장기나 체스 등 다른 어떤 종류의 오락과도 비교될 수 없는 독특한 정체성을 지니고 있다. 인류가 창출한 문화의 영역에서 그 어떤 분류 속으로도 편입되기를 거부하는, 즉 그 나름의 전일(全一)한 세계인 것이다.

　바둑에는 그 형상부터 천지방원(天地方圓)이 투사되어 있으며, 흑백의 싸움 속에는 천지음양 동정(動靜)의 도리가 작용한다. 동양적 세계관에서 음양의 원리는 이 세계를 설명하는 요체라는 점은 두말할 나위가 없다. 수많은 바둑돌이 놓인 반면(盤面)은 천구에 붙박인 별들의 모습을 떠올리게 하며, 살아 있는 돌들에는 풍운과 같은 변화의 기운이 감돈다.

　이러한 바둑의 세계에 정진하는 독자들을 위해 저자는 이번에 〈절묘한 맥〉 시리즈 다섯 권을 내놓게 되었다. 그동안 아마추어 애기가(愛棋家)들과 어린 학생들을 지도하면서 골몰했던 것 중의 하나가 바로 '바둑 실력을 단기간에 증진시키는 방법'이었다. 그 과정에서 저자는 '맥'을 빨리 터득하는 것이야말로 기력(棋力) 향상의 첩경이라는 사실을 발견했다. 무릇 사람에겐 혈맥(血脈)이 있고 산에는 산맥이, 물에는 수맥이, 금광에는 금맥이 있지 않은가? 하나의 세계를 파악하기 위해서는 이러한 맥을 포착하는 것이 관건일 것이다. 바둑도 그와 같다. 맥을 잘 터득해야 기력의 향상을 기할 수 있고 바둑의 묘미도 만끽할 수 있는 것이다.

이 시리즈는 50가지 맥으로 동류항들을 찾아 모았고, 이해하기 쉽도록 초급, 중급, 고급으로 나누어 엮었다. 하나씩 읽어나가면서 무릎을 치다보면 모르는 사이에 기력이 크게 늘어 있다는 사실을 발견하고 스스로 놀라게 될 것이다.

바둑의 명인은 곧 삶의 대인(大人)이다. 지킬 때는 정황을 판별할 줄 알고, 싸울 때는 정정당당하게 정의롭게 맞서 싸우며, 어떤 경우에도 예의에 벗어나는 일은 하지 않고, 형세를 판단할 때는 지혜를 가지고 정확히 처리한다. 삶의 대인을 지향하는 모든 애기가들께 이 책을 바치며, 이 책이 나오도록 도와주신 나남출판의 趙相浩 사장께 진심으로 감사드린다.

2000년 2월 15일

●차 례●

寸 言

단순히 집내기에만 전념하여 적으로부터
침공당할 여지가 없도록 둘러쌓고 있다가
는 저도 모르는 사이에 대세에 뒤지며, 포
석상(布石上)의 낙오를 면치 못한다.

포석(布石)에 있어서 집을 차지하려면 귀
를 첫째로 하고, 변을 제2로 하며, 중앙을
제3으로 함이 효율적인 순서이다. 근거를
만드는 데도 같다. 포석(布石)에 있어서의
지역(地域)을 양(量)으로써 논한다면, 세
력(勢力)은 질(質)로써 논할 수 있다. 세력
을 차지하는 데는 중앙이 제1, 변이 제2,
귀는 제3의 순서이다.

제 1장 초급편

문제 1 (백차례)

첫 문제는 기초적인 끝내기 수법.

선수로 흑집을 다소라도 줄이려는 궁리가 필요하다.

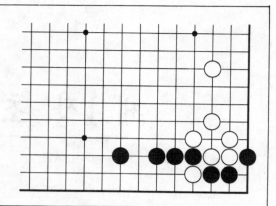

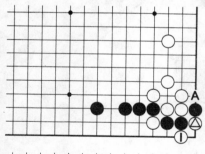

1도 정해

백1의 먹여침이 흑집을 효과적으로 줄이는 급소. 흑2로 따내면 백은 A로 몰아서 이득을 더 얻을 수도 있지만 이대로 소기의 전과는 올린 셈.

2도 참고1

백△의 먹여침에 흑이 손뺄 경우, 백이 A로 따낸다고 생각하는 것은 착각. 백에게는 1로 단수해 패로 버티는 수가 있는 것이다.

3도 참고2

흑이 둔다면 1로 잇는 것이 호수. 이른바 '적의 급소가 나의 급소'다.

다음 흑A, 백B로 될 테니 1도와의 차이는 2집 이상인 것이다.

문제 2 (백차례)

집을 줄이는 가장 초보적인 수단이다.

귀의 특수성을 이용한 끝내기 수법으로 설명이 필요없을 정도다.

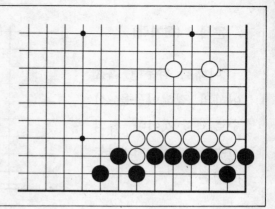

1도 정해

백1의 먹여침이 끝내기의 맥점이다.

흑2와 교환한 자체로, 손을 빼도 1집 이상 이득이다. 백A에 단수해 흑1로 잇게 하는 것은 끝내기가 아니다.

2도 변화

백△에 대해 흑이 자칫 손을 빼었다가는 큰코를 다친다.

백1 이하 7까지 보듯이 패가 나는데 이것은 백의 꽃놀이패가 아닌가.

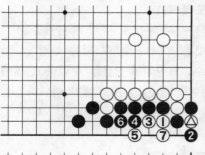

3도 참고

흑차례라면 1에 잠자코 잇는 수가 올바른 수법. 백이 2로 응수해준다면 1집 이상 선수이득이며, 손을 빼면 흑2, 백A, 흑B 이하 알파벳순으로 백G까지 선수끝내기(7집)가 남는다.

문제 3 (백차례)

이대로 놔두면 흑A 이하의 젖혀이음을 선수로 당할 것이다. 흑의 선수끝내기를 저지하는 맥점은?

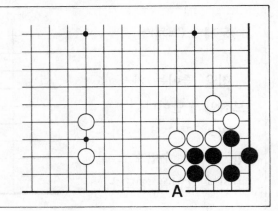

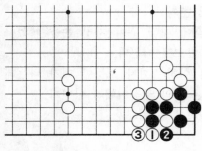

1도 정해

백1로 가만히 1선에 빠지는 것이 침착한 호수.

백2는 절대의 한수로 생략할 경우 백A로 귀가 횡사. 백은 선수로 흑의 선수 젖혀이음을 저지했다.

2도 실패1

백1·3의 후수로 흑의 젖혀이음을 막는 것은 누구나 둘 수 있는 보잘 것 없는 수. 역끝내기 3집을 두었다고 좋아한다면 그것은 보통 문제가 아니다.

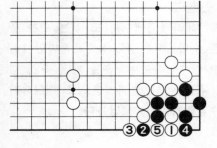

3도 실패2

백1은 다음 흑이 5면 백2로 단수하려는 속셈이겠지만 흑2·4라는 저항(이것도 끝내기의 맥점!)을 불러 뜻대로 안된다. 흑6 다음 백이 되따내는 것은 후수며 손빼면 흑5의 이음이 선수. ❻…❷

문제 4 (백차례)

흑 ▲로 젖혀온 장면이다. 사소한 데 주의를 기울여 이득을 얻는다.

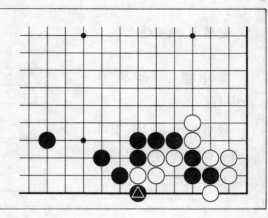

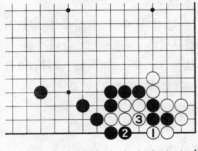

1도 정해

백1의 마늘모가 최선의 응수이며 끝내기의 기본맥에 해당한다.

다음 흑A에는 백B로 받아서 이상 없음.

2도 실패1

실전이라면 백이면 백은(아마추어 초중급의 수준에서는) 백1로 받을 것이다.

그러면 흑2, 백3은 흑의 권리. 전도의 백집과 비교하면 무려(?) 2집의 손해!

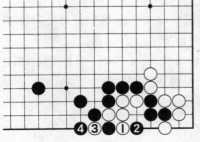

3도 실패2

백1로 덥썩 막는 것은 생각없는 착수다.

흑2에서 4라는 통렬한 수단이 있어 백은 패를 모면할 수 없다. 백이 망한 결과임은 불문가지.

11

문제 5 (백차례)

흑이 ▲로 두어온 장면이다.

평범하게 두는 것과 맥을 구사하는 것과는 물경 4집의 차.

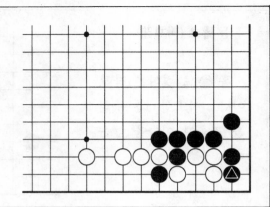

1도 정해

백1로 한집 모양을 만드는 것이 섬세한 호수로서 끝내기의 맥.

다음 흑A, 백B로 될 곳이며 흑 한점은 백이 가일수를 하지 않고도 잡혀 있다.

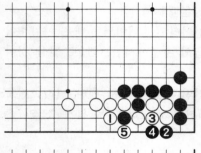

2도 실패

백1은 평범한 수로 실전에서 범하기 쉬운 잘못이다. 흑2·4로 끝내기를 당하고 보면 백집이 4집이나 줄어들었음을 알 수 있다. 흑집은 변동 없음.

3도 유제

형태는 다르지만 백1의 맥이 진가를 발휘하는 예.

백1 대신 A에 두는 것은 흑B(또는 1)를 당해 백집이 크게 준다.

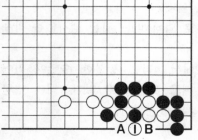

문제 6 (백차례)

척 보고 정확하게 둘 수 있다면, 끝내기에 관한 한 초급 수준은 뛰어넘은 셈. 백 한점이 큰 구실을 한다.

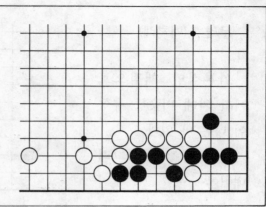

1도 정해

백1의 치중이 비범한 맥점.

흑2가 부득이하므로 결국 백3·5도 선수가 된다. 이것이 백1의 효과다.

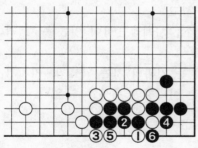

2도 실패1

실전이라면 백은 1에서 5로 두고 아무렇지도 않은 표정을 지을 것이다.

그러나 이것은 1도보다 2집이나 손해. 전도는 참으로 세련된 수순이다.

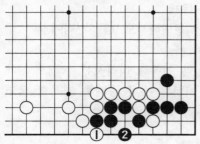

3도 실패2

백1로 단순히 젖히고 만다면 아까운 일이다.

이 결과는 전도보다도 2집 손해. 1도와 비교하면 4집이라는 큰 차인 것이다. 이 그림을 해답으로 냈다면 걱정스런 일이다.

13

문제 7 (백차례)

기본적인 맥점으로 여러 차례 비슷한 유형이 나온 바 있다.

단숨에 정해를 그려 내어야…….

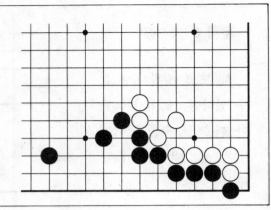

1도 정해

두 말할 것도 없이 백1의 먹여침.

흑2로 따내게 한 자체로 1집 이득이다. 다만 흑은 큰 끝내기가 있다면 2를 손뺄 수도 있다.

2도 참고

흑이 둘 차례라면 1에 잇는 수가 최선이다.

백이 둔 것과의 차는 약 2집. 가치가 큰 수는 아니지만 무시할 수 없다.

3도 유제

이런 형태에서도 백1의 먹여침이 끝내기의 맥.

흑2 때 경우에 따라서는 백3으로 패를 도전하는 수가 승패를 좌우할 국면도 있을 것이다.

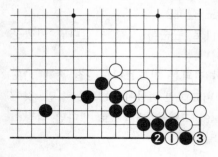

문제 8 (백차례)

뭐 맥이라고 할 것도 없다. 아주 쉬운 문제이지만 실전에서는 틀리기 십상이다. 흑의 저항도 고려해서……

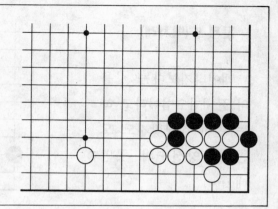

1도 정해

백1이 끝내기의 맥점. 이 수는 그 유명한 '2의 一'의 곳이기도 하다. '2의 一'의 급소가 사활뿐 아니라 끝내기에서도 유효함을 알 수 있다. 다음 흑A, 백B, 흑C가 예상된다.

2도 실패

백1로 그냥 단수해도 전도와 마찬가지가 된다고 생각했다면 크나큰 오산.

흑2가 호수다. 백3으로 따내도 흑4로 되따내서 백은 전도보다 약 3집 손해. ④…●

3도 참고

흑이 둘 차례일 경우는 1·3이 올바른 수법. 다음 흑A, 백B는 흑의 권리. 따라서 1도 백1의 크기는 9집이나 된다. 각자 연구해볼 것.

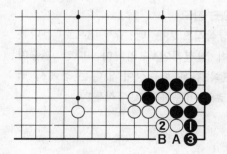

문제 9 (백차례)

맥이라기보다는 상용의 끝내기수법이라고 하는 편이 적당할지도 모른다. 양선수의 곳인데……

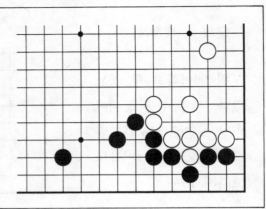

1도 정해

백1의 젖힘이 함축성있는 수법. 흑2면 백은 흑의 선수 젖혀이음을 없앤 데 만족하고 손을 빼도 좋다.

2도 변화

백△에 대해 흑이 손을 빼면 백은 1에서 5로 패를 하는 수가 경우에 따라 (팻감이 많다면) 유력한 수법. 아니면 백2, 흑1을 선수할 수도 있겠다.

3도 참고

상식적으로는 백1에서 3으로 건너는 것이 실전적인 수법이다. 다만 후수며 1도와 같은 함축성이 없다는 점에서 백으로서 미흡하다고 생각된다.

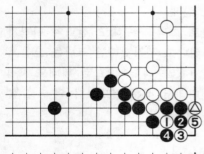

문제 10 (백차례)

귀의 특수성을 이용하는 기본적인 맥이다.

초급자라도 이런 정도는 노타임으로 두어야……

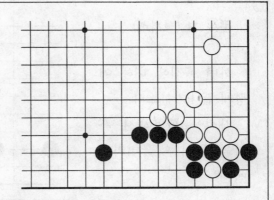

1도 정해

백1의 먹여침이 맥점. 흑2와 교환한 자체로 약 2집 정도의 선수끝내기를 한 셈. 큰 끝내기가 없다면 백A로 막는 수가 짭짤하다.

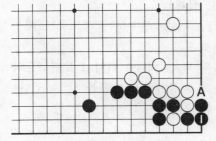

2도 참고

흑이 둘 차례라면 1의 이음이 올바른 수법.

다음 흑A(선수 7집 끝내기)가 크다. 백A에 받아주면 흑의 선수.

3도 실패

그냥 백1로 단수하는 것은 흑2로 잇게 해 무의미하다.

그냥이라도 흑은 2에 두고 싶지 않은가.

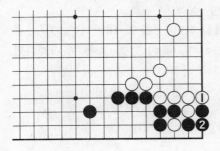

문제 11 (백차례)

하변 흑집에 대해 어떻게 끝내기하느냐.

사석을 활용해서 흑집을 줄이는 끝내기의 맥은?

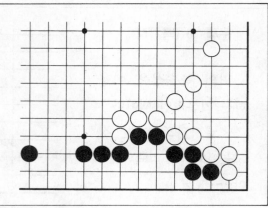

1도 정해

백1·3으로 사석을 투입하는 것이 좋은 수순.

흑8까지 백은 선수로 흑집을 줄이는데 성공했다.

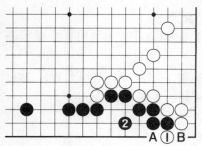

2도 실패1

백1. 흑2를 선수하는 정도로는 매우 미흡하다.

다음 흑A. 백B로 된다고 보면 1도와 비교해 흑집이 2집 많음을 알 수 있다.

3도 실패2

백1·3으로 끊고 내려서는 것은 큰 오산이다. 흑이 4로 A에 두어준다면 정해와 다음없는 결과가 되지만.

최악의 결과.

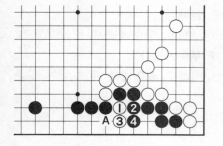

문제 12 (백차례)

백A, 흑B를 선수하고 태연하다면 곤란한 얘기가 아닐 수 없다.

사소한 것 같아도 주의가 필요.

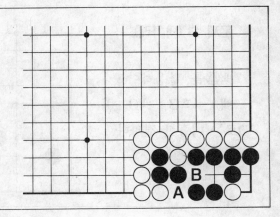

1도 정해

백1의 먹여침이 끝내기의 맥점.

백3으로 따내 후수이지만 문제도의 태연한 선수보다 5집이나 이득이다.

2도 변화

백△ 때 흑1로 따내면 백2의 단수에 흑3의 후수삶이 불가피하다.

백은 손을 빼더라도 전과는 올리고 있는 셈.

3도 유제

문제도의 원형. 이것은 숙제로 넘긴다.

답은 이미 나와 있으니 독자여러분 중 못 푸는 분은 없을 것이다.

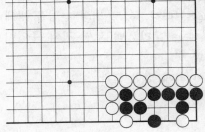

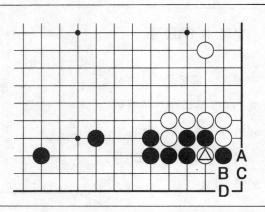

문제 13 (백차례)

백△를 활용해야….

백A, 흑B, 백C, 흑 D로는 미흡한 결과다.

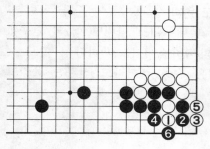

1도 정해

백1이 상용수법. 흑2 때 백3에 건너서 큰 이득.

다음 흑이 △에 이으면 그 자체로 백은 선수이득. 손을 빼면 백△, 흑A를 강요하는 이득이 가산된다.

2도 실패

백1, 흑2 다음 백3의 붙임도 맥이지만 이 경우는 미흡. 흑6까지 이것은 애초에 백5, 흑2, 백3으로 둔 것과 마찬가지.

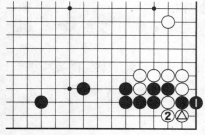

3도 변화

백△에 대해 흑1로 백의 건넘을 방해하는 수는 무리. 백2로써 귀의 주인이 바뀐다.

흑이 크게 망한 결과.

문제 14 (백차례)

얼핏 백A, 흑B, 백C의 수단이 보이지만 그것으로는 미흡하다.

상용의 끝내기 맥점은?

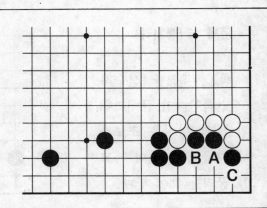

1도 정해

백1의 껴붙임이 상용의 맥점.

흑2에는 백3이 선수. 흑4까지 백의 선수 6집 끝내기이다. 수순 중 흑2로 3은 백4로 끊겨 흑의 낭패.

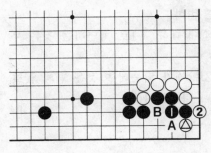

2도 참고

백△ 때 흑1이면 선수는 잡을 수 있으나, 백2 다음 백A, 흑B를 선수당하는 점이 흑으로서 너무도 뼈아프다.

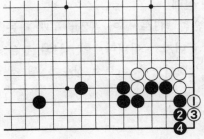

3도 실패

백1로 젖히고 흑2 때 백3을 선수하는 정도로는 끝내기를 했다고 볼 수 없다. 1도보다 무려(?) 2집의 손해.

21

문제 15 (백차례)

백A, 흑B를 선수하고 만족한다면 끝내기에 관한 한 당신은 초보자나 다름없다. 좀더 파고 들 궁리를 해야 한다.

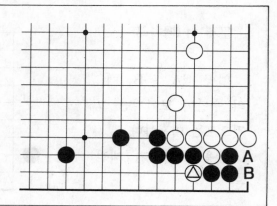

1도 정해

백1의 붙임이 끝내기의 맥점으로 이 정도의 침투력은 있어야 끝내기를 했다고 볼 수 있다.

흑은 손을 뺄 것이고 다음 백3·5까지 선수.

2도 변화

백△에 대해 흑1로 차단하는 것은 무리.

백2로 패가 되는데 이것은 백의 꽃놀이패나 다름없다.

3도 실패

단순히 백1로 밀어 흑2를 두게 하는 것은 끝내기가 아니다. 이 백1과 같은 수에서 벗어나야 비로소 상수가 될 것이다.

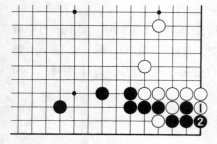

문제 16 (백차례)

백△ 두점이 단수에 몰려 있다. 여기서 백은 어떤 저항이 있을까?

문제8의 풀이가 힌트.

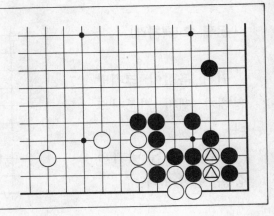

1도 정해

백1로 1선에서 버티는 수가 맥점.

흑2로 따내는 수는 당연하며 이 다음—

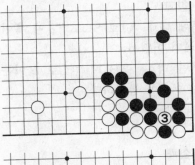

2도 계속

흑3으로 따낸다. 이렇게 둠으로써 다음 3도의 실패도와 비교할 때 약 2집 가량 득이 된다.

3도 실패

백1로 그냥 잇는 수는 바둑에 갓 입문한 사람이라도 둘 수 있다. 이런 수를 계속 둔다면 기력향상은 아득하다.

문제 17 (백차례)

귀의 흑집이 크지만 형태가 웬지 기분나쁘다.

백에게는 끝내기의 상용수단이 있다.

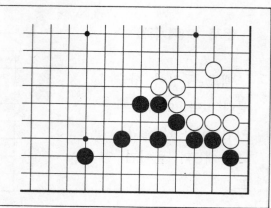

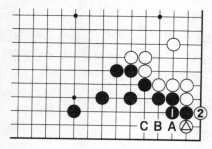

1도 정해

백1로 껴붙이는 수가 유명한 맥점. 흑2에 백3으로 건너면서 단수하면 흑은 4로 이어야 하니 백은 선수로 큰 득을 본 셈.

2도 참고

백△에 대해 흑1로 잇고 백2 때 흑이 손을 빼면 어떨까.

그러면 백A. 흑B 때 백C로 붙이는 강렬한 맥점이 통렬하다.

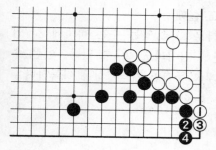

3도 실패

백1로 젖히고 흑2에 백3을 선수하는 정도로는 별게 없다.

정해인 1도보다 2집이나 손해.

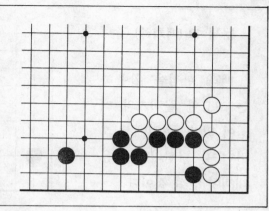

문제 18 (백차례)

'석점의 중앙이 급소'
라는 바둑 격언은 바둑
의 어느 부문에서도 해
당되는 것이다.

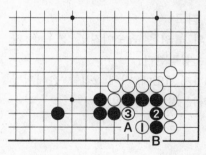

1도 정해

백1의 붙임이 석점의 중앙에 해당하
는 급소.

백3까지 비록 후수이지만 큰 끝내기
이며 다음 A의 눈목자달림도 남는다.
그것이 싫어 흑B면 백 선수.

2도 변화

백1에 대해 흑2는 무리한 저항이다.
백3으로 끊어서 백은 망외의 전과를 올
려 흐뭇해할 것이다. 다음 흑A에는 당
연히 백B.

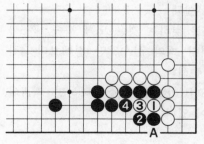

3도 실패

그냥 백1로 밀고 들어가는 것은 흑2
로 늦춰 받아 전혀 묘미가 없다.

백1로 A면 흑2로 역시 마찬가지.

25

문제 19 (백차례)

백△ 한점을 활용하는 교묘한 끝내기의 맥점이 있다. 실전에서 그런 수를 당한다면 흑은 대책이 안설 것이다.

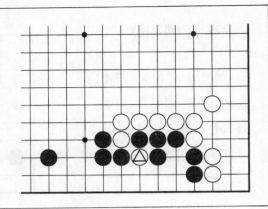

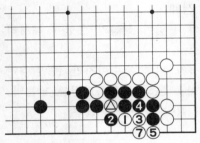

1도 정해

백1쪽에서 단수하는 수가 강렬한 맥점.

흑2에 백은 3에서 7까지 후수이지만 큰 이득을 얻는다. 경우에 따라 백7은 손을 뺄 수도 있다. ❻…△

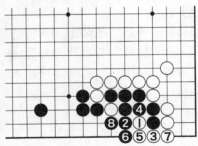

2도 참고

백1의 붙임은 속수이지만 경우에 따라서는 성립한다.

흑8까지 1도에 비해 2집쯤 손해지만 선수라는 것이 이점이다.

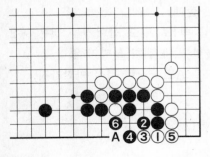

3도 실패

백1로 젖히는 것은 노력 부족. 흑6까지 역시 백의 선수지만 정해보다 4집 이상 손해다.

흑6의 가일수를 소홀히하면 백A의 수단이 있다.

문제 20 (백차례)

흑은 웬지 모르게 허술해 보인다.

백은 흑진 속에 있는 ◎를 잘 이용하면 상당한 이득을 올릴 수 있다.

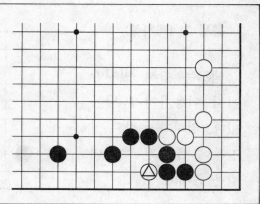

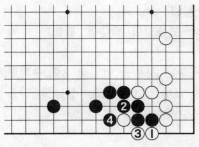

1도 정해

백1의 젖힘이 맥점이다.

흑2는 부득이한 응수. 그때 백3으로 한점을 살려온다. 흑4에 받으면 백은 손을 빼도 소기의 목적은 달성한 셈.

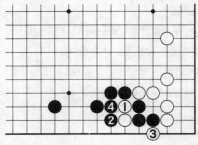

2도 실패1

백1로 그냥 끊는 것은 평범한 수단.

흑6까지 백은 별 소득이 없다. 정해에 못미친다는 것은 쉽사리 알 수 있을 것이다.

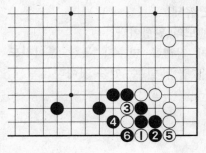

3도 실패2

백1쪽에서 젖히는 수는 방향 착오.

흑2로 차단당해 후속수단이 전연 '아니올시다' 이다. 잔뜩 보태준 결과.

27

문제 21 (백차례)

백△는 잡혀 있지만 아직 이용가치가 남아 있다. 말하자면 적의 심장부에 투입된 특공대 같은 존재다.

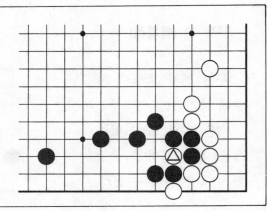

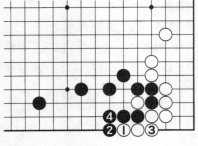

1도 정해

백1의 코붙임이 백△를 활용하는 맥점.

다음 흑은 눈물을 머금고 2로 후퇴할 수밖에 없다. 그 이유는 설명할 필요도 없을 것이다.

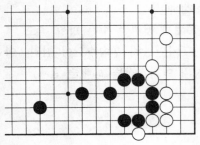

2도 실패

끝내기의 맥점을 모른다면 백은 1·3을 선수하는 정도로 만족할 것이다.

이 결과는 정해인 1도보다 5~7집 손해이다. 각자 연구요!

3도 유제

문제도의 원형이다.

위의 정해를 맞추지 못한 분이라도 해답을 금방 낼 수 있을 것이다.

문제 22 (백차례)

귀쪽의 끝내기를 어떻게 해야 하느냐.

우습게 보다가는 흑의 저항에 부딪힌다.

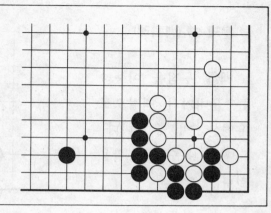

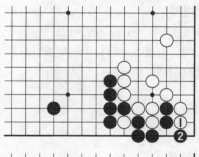

1도 정해

백1의 한칸뜀이 맥이다.

흑2는 당연하며 그러면 백3도 선수가 된다. 이것이 백1의 효과.

2도 실패

백1로 몰아도 마찬가지 같지만 '적의 급소가 나의 급소'. 흑에게는 2로 저항하는 수가 있는 것이다.

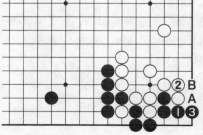

3도 참고

흑이 둘 차례라면 1로 막고 3에 내려 빠지는 것이 올바른 수법. 다음 흑A. 백B는 흑의 권리이므로 무려 9집짜리 끝내기.

29

문제 23 (백차례)

백△ 두점을 이용하는 끝내기의 맥점으로 유명한 수법 중 하나다.

귀의 특수성을 활용한다.

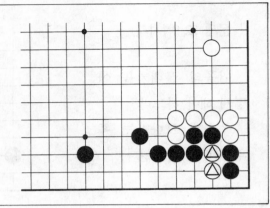

1도 정해

귀에서는 '2의 一'의 곳이 급소가 되는 경우가 많다.

백1의 붙임이 급소로서 흑2에 백3이 선수.

2도 변화

백△에 대해 흑1로 차단하면 백2. 흑3으로 패. 이것은 백의 꽃놀이패이므로 흑으로서 견딜 수 없는 노릇이다.

3도 실패

백1 · 3을 선수해놓고 이런 정도가 아니겠냐고 하는 분이 있으시다면 뭐라 할 말이 없다.

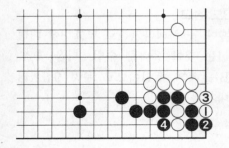

문제 24 (백차례)

백△와 ⬚의 멋진 콤비네이션이 있다.

끝내기의 상용수법인데…….

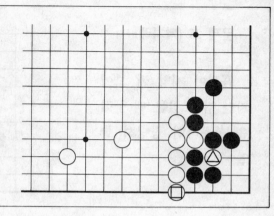

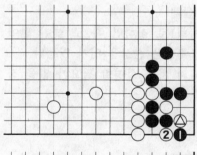

1도 정해

백1로 젖히는 수가 상용의 맥점이다. 흑2에 백3으로 간단히 생환한다.

2도 변화

백△에 대해 흑1로 젖히는 반발이 성립할 것 같지만, 백2의 먹여침 한방으로 흑의 노력은 허사가 되고 만다.

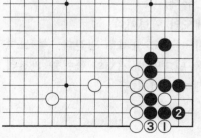

3도 실패

백1로 1선에 붙이는 수도 맥점이기는 하지만 흑2로 늘면 아무 것도 아니다.

정해와 비교할 때 애깃거리가 안된다.

문제 25 (백차례)

흑집이 제법 커 보이지만 잡혀 있는 백 두점을 활용하면 상당히 줄일 수 있다.

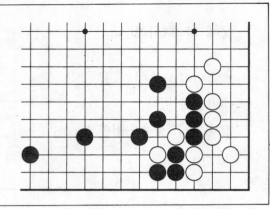

1도 정해

백1로 젖히는 것이 맥점으로, 백 두점을 이용해 건너는 수가 성립한다. 백 7까지 흑집을 거의 초토화한 셈이다.

2도 실패

그냥 백1로 젖히면 흑2로 늦춰 받아 하변의 흑집은 손상을 입지 않는다.

1도와의 차는 설명할 필요가 없을 정도다.

3도 유제

문제도의 원형이다.

역시 이것도 숙제로 넘긴다. 척 보고 정해를 낸다면 문제도의 풀이를 완전히 이해했다고 하겠다.

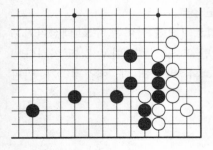

문제 26 (백차례)

혹이 두면 백이, 백이 두면 혹이 잡히는 상황이다.

백에게는 혹을 선수로 잡는 맥점이 있다.

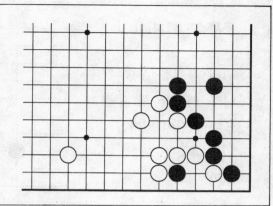

1도 정해

백1이 귀의 특수성에 착안한 맥점.

혹2면 백3, 혹4를 하나 교환하고 손을 뺀다. 이대로 혹 한점이 잡혀 있음에 주목!

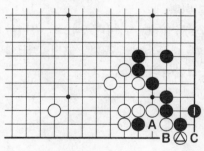

2도 참고

백△ 때 혹1로 호구쳐서 다음에 혹A, 백B, 혹C의 패를 노리는 수는 있다. 부담이 크므로 팻감의 형편에 따른다.

3도 실패

백1로 그냥 잇는 것은 맥빠진 수.

혹은 당연히 손을 뺄 것이다. 이 다음 백A로 젖힐 경우, 백1이 거의 소용없는 수임을 알 수 있다.

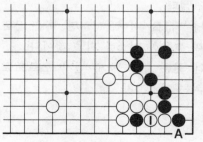

33

문제 27 (백차례)

귀의 흑집을 부술 뿐 아니라 백집을 한 두집 만드는 맥점이 있다.

자, 그곳은 어느 자리일까?

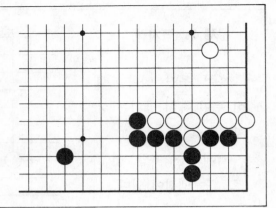

1도 정해

백1의 치중이 멋진 맥점.

흑은 2로 받는 정도이니 백3으로 넘어 귀의 주인이 바뀐다.

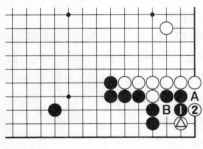

2도 변화

백△에 대해 흑1이면 백2로 건너서 전도와 대동소이. 흑1로 A면 백B에 끊겨 그만이다.

3도 실패

그냥 백1로 기어들어가면 흑은 2로 받으며 흐뭇한 미소를 지을 것이다.

A의 곳은 누가 두게 될지 모르므로 정해와는 천양지차.

문제 28 (백차례)

흑집을 줄이는 비상한 맥점이 있다.

평면적인 사고방식을 탈피한 비약적인 착상이 필요하다.

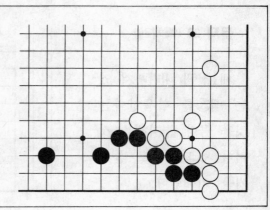

1도 정해

백1로 제1선에 붙이는 수가 맥점. 흑2의 후퇴가 부득이할 때 백3으로 이어와 성공.

흑4를 생략하면 백A의 끝내기가 크다.

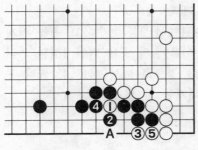

2도 실패1

백1로 먼저 끊어놓는 수가 맥점 같지만 여기서는 손해. 흑5 다음 A에 붙이는 끝내기가 후수인 점이 전도와 다르다.

3도 실패2

백1로 단순하게 기어드는 것은 흑2로 막혀 끝내기를 했다고 볼 수가 없다. 정해보다 2집 손해.

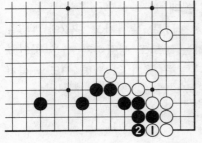

문제 29 (백차례)

제1선에 내려빠져 있는 백△를 활용한다는 것을 금방 눈치챘을 것이다. 노타임으로 풀었기를 기대한다.

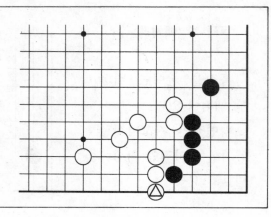

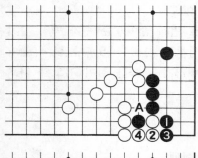

1도 정해

백1로 껴붙이는 것이 상용의 끝내기 수법이다.

실전이라면 무심코 막 둘지도 모른다. 계속해서—

2도 계속

흑은 1에서 3을 선수하고 손을 빼게 된다. 다음 A의 곳은 백이 1집의 권리를 얻은 것으로 봐서 백은 4집짜리 후수 끝내기를 한 셈.

3도 실패

그냥 백1로 들어가고 흑2에 백3을 선수하는 정도로 생각하기 쉬운 곳이었다. 다른 큰 곳이 없는 한 1도를 따라야 할 것이다.

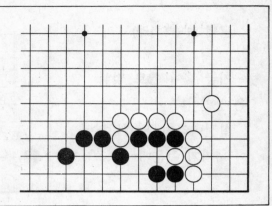

문제 30 (백차례)

혹은 중대한 결함을 안고 있다. 주의력이 없으면 그냥 지나칠지도 모른다.

백1과 3이 교묘하다.

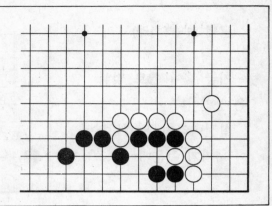

1도 정해

백1, 혹2를 교환하고 나서 백3쪽에서 단수하는 것이 호수. 혹도 4로 저항해 패가 된다.

혹4로 5는 백4로 안됨을 확인할 것.

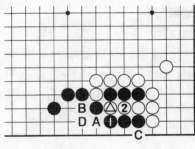

2도 참고

따라서 혹은 백△ 때 1로 단수해서 선수를 얻고 타협할 것이다. 백은 상당한 전과를 올렸다. 백A, 혹B, 백C, 혹D의 선수 끝내기도 남았다.

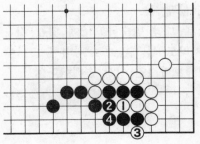

3도 실패

끝내기의 맥을 모른다면 백1로 단수하고 혹2에 백3의 젖힘을 선수하는 정도로 만족할 것이다. 참으로 딱한 일이 아닐 수 없다.

37

문제 31 (백차례)

지금 흑이 ▲로 젖혀 온 장면이다.

실전이라면 덜커 손이 나가기 쉬운데……

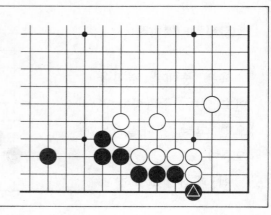

1도 정해

백1로 먹여치는 것이 끝내기의 맥점. 흑2 때 백3으로 늦춰 받는 것이 요령이다. 다음 흑A는 백B로 단수해서 그만.

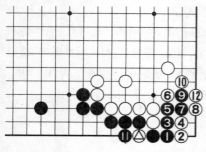

2도 변화

백△에 대해 흑1로 나가는 수는 소용 없는 수. 백2쪽에서 단수하는 것이 호수. 흑은 3 이하를 강행해봤자 잘 안된다.

2도 실패

백1로 그냥 단수하고 3에 잇는 것은 초보자라도 둘 수 있는 평범한 수. 백은 정해보다 1집 이상 손해이다.

문제 32 (백차례)

혹 한점을 단수하고 있지만 백도 손을 안 쓰면 거꾸로 잡히게 된다. 어떤 끝내기의 맥이 있을까?

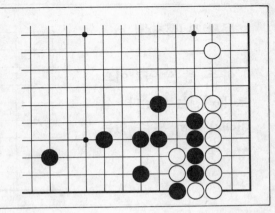

1도 정해

백1로 붙이는 것이 이런 경우의 맥점으로, 정말 비약적인 착상이라고 할 수 있겠다 .

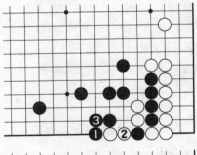

2도 계속

혹은 1에 받을 수밖에 없으니 백2로 혹 한점을 잡으며 선수 끝내기를 자연스럽게 할 수 있다.

3도 실패

백1로 그냥 따내는 것은 혹2로 막혀 정해보다 2집 손해다.

또 혹은 경우에 따라서 손을 뺄 여지도 있다.

문제 33 (백차례)

아주 좁은 공간이므로 틀려서는 안된다. 실전에서 흔히 볼 수 있는 형태다.

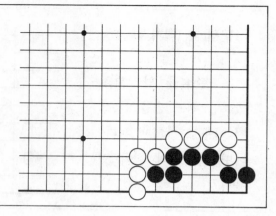

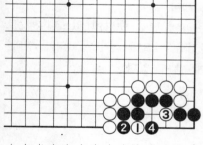

1도 정해

백1로 하나 끊어두는 것이 절묘한 맥점. 흑2에 받을 때 백3의 붙임이 미리 봐둔 수. 이로써 귀는 4집이다.

2도 실패1

백1쪽을 먼저 붙이는 수가 맥점이 되는 경우가 많지만 이 경우는 아쉽게도 수순착오. 흑4까지 잔뜩 보태준 결과다.

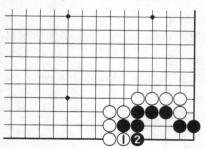

3도 실패2

실전이라면 아무 생각없이 백1, 흑2를 선수해버릴 가능성이 있다. 이렇게 되면 귀는 무려(?) 6집이나 된다.

문제 34 (백차례)

흑집을 최대한 부수는 끝내기의 맥점은? 잡혀 있는 백△ 한점과 1선의 백◻ 한점이 멋진 콤비를 이룬다.

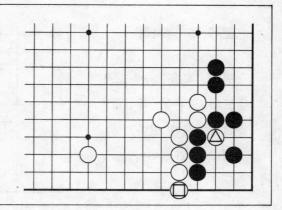

1도 정해

백1의 붙임이 날카로운 맥점. 흑은 2에서 4를 선수하는 정도다.

수순 중 흑2로 A에 차단하려고 하다가는 백B로 낭패.

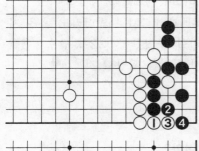

2도 실패1

백1·3으로 고지식하게 끝내기하는 것은 연구열이 없는 태도.

흑집은 정해보다 5집이나 많다.

3도 실패2

백1의 뛰어듦은 후수가 되므로 얘기가 안된다. 흑2로 자칫 A면 백2로 두어 1도로 환원되니 흑으로서 요주의.

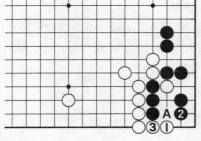

문제 35 (백차례)

귀의 흑을 자충으로
유도해 오른쪽 흑 넉점
을 잡는 수가 있다.
첫수가 관건이다.

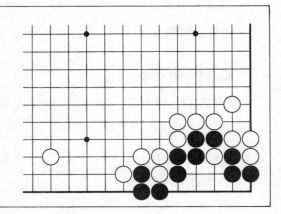

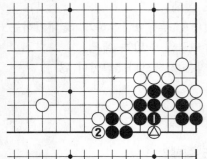

1도 정해

백1이 치중이 통렬한 맥점. 흑2면 백
3으로 몰아 흑 넉점을 잡아 백 성공.

2도 변화1

백△에 대해 흑1로 받더라도 흑은 자
충을 피할 수 없다. 백2에 단수당했을
때 잇지 못함을 확인할 것.

3도 변화2

백△ 때 흑1로 잇는 것은 한치 앞도
못본 무리수. 백2로 빠져나가면 흑은
몽땅 잡히고 만다.

문제 36 (백차례)

앞서도 여러 차례 유사한 문제가 나온 바 있다. 이쯤 되면 노타임으로 끝내기의 맥을 두어야 할 것이다.

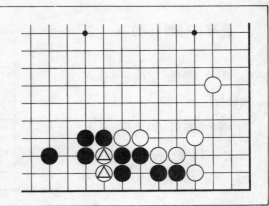

1도 정해

백1의 치중이 '적의 급소는 나의 급소'에 해당하는 맥점.

흑은 달리 반발할 수가 없으니 2로 이을 것이고 그러면 백3·5가 선수.

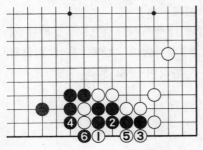

2도 실패1

실전이라면 백1로 단수하고 백3·5를 선수하기 십상이다. 이 결과는 1도보다 2집을 손해본 셈.

3도 실패2

백1, 흑2를 선수하고 만다면 1도에 비해 4집이나 손해다.

이 그림은 백으로서 최악의 결과.

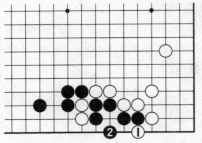

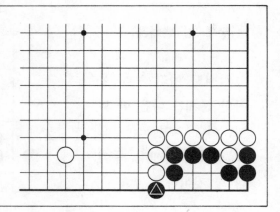

문제 37 (백차례)

혹이 ▲로 젖혀온 장면이다.

백은 혹의 의표를 찌르는 기발한 수순이 있다.

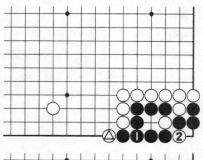

1도 정해

백1의 끊음이 이런 형태에서의 상용 수단. 혹2 때 백3이 먹여침이 또한 교묘한 수. 백5까지가 최선의 끝내기다.

2도 참고

백▲에 대해서 혹1로 잇지 못하는 점이 백의 자랑이다. 만약 혹이 이으면 백2의 양환격이 성립해 혹 전멸.

3도 실패

백1로 고지식하게 막고 혹2에 백3으로 응수해줄 것으로 기대한 수가 혹의 젖힘(▲)이었다.

문제 38 (백차례)

흑이 ●로 젖혀온 장면.

이럴 때는 원칙처럼 되어 있는 응수의 틀이 있다.

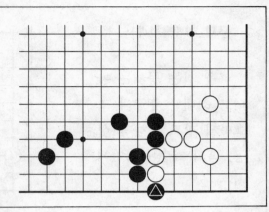

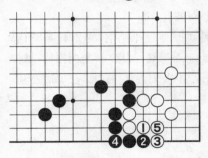

1도 정해

백1로 한칸을 늦추어 받는 것이 응수의 틀. 다음 A의 곳이 문제인데, 아무래도 백쪽의 권리가 강하므로 백A, 흑B로 보는 것이 타당할 듯.

2도 실패

실전이라면 백1로 받기 십상이다.

그러면 흑2·4가 흑의 권리. 이 결과는 정해인 1도보다 2집 손해.

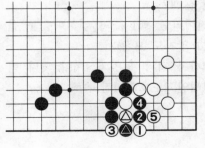

3도 참고

백1로 덥썩 막는 것은 보통은 나쁜 응수. 흑2·4는 당연하므로 얼핏 백이 망한 것 같지만 백5에서 7로 두는 수단이 있다. 경우에 따라 성립.

⑥…● ⑦…△

45

문제 39 (백차례)

흑을 잡는 문제는 아니고 최대한 추궁해 조그맣게 살도록 하면 성공. 흑의 자충에 착안해서……

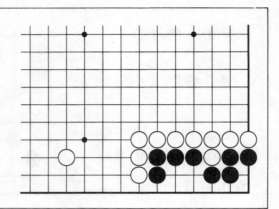

1도 정해

백1이 치중이 흑의 자충을 추궁하는 급소. 흑2는 이 한수, 백3으로 건너고 흑4로 살아 일단락.

다음 백A. 흑B는 백의 권리이니 귀의 흑은 2집.

2도 실패1

백黑 때 흑1은 실착. 백2에 흑3이면 백4로 공략당해 넉점이 떨어져나간다. 흑3으로 4면 백A로 패가 되므로 큰일.

3도 실패2

실전이라면 백1·3의 젖혀이음을 선수하고 말지도 모른다.

흑4까지 귀의 흑은 6집이나 되니 백은 정해인 1도보다 4집 손해.

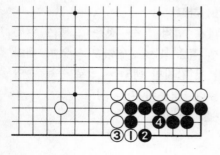

문제 40 (백차례)

A · B 두 군데의 1선 젖혀이음이 모두 흑의 권리처럼 보이지만, 거기에 제동을 거는 수단이 있다.

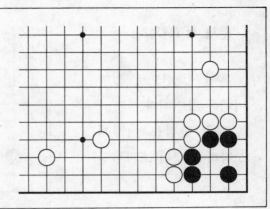

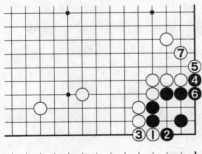

1도 정해

백1로 끊어 흑의 응수를 묻는 것이 상용의 맥점.

흑2면 백3이 선수가 되므로 최소한 흑의 한쪽 권리는 없앤 셈이다. 별다른 끝내기가 없다면 백5·7.

2도 실패

백1·3은 무미건조한 끝내기. 흑4·6의 젖혀이음을 선수로 당하고 만다. 이러면 귀의 흑은 7집이며 백집이 2집 줄어든 것을 감안, 백은 4집의 손해.

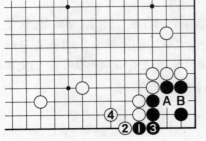

3도 참고·

흑1을 당한 다음에는 백A의 끊음은 아무 소용이 없다. 흑은 당연히 B. 본도와 1도는 무려 7집의 차가 난다.

47

문제 41 (백차례)

혹이 1·3으로 젖혀 이어온 장면이다.

백은 단점을 어떻게 보강하는 것이 효과적일까?

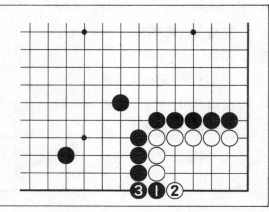

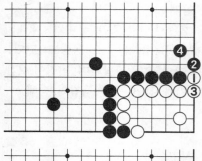

1도 정해

백1로 받는 것이 효과적인 응수.

혹A를 방비하면서 다른 권리를 확보했다.

2도 참고

그것은 바로 백1·3의 젖혀이음을 선수로 둘 수 있음을 가리킨다.

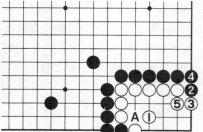

3도 실패

백1(또는 A)은 단점을 염려한 직선적인 지킴수. 다음 혹은 2·4를 선수하며 회심의 미소를 지을 것이다. 1도보다 4집이나 손해.

문제 42 (백차례)

백A, 흑B, 백C로 끝내기하는 것은 후수여서 조금 불충분하다.

어떤 맥이 있을까?

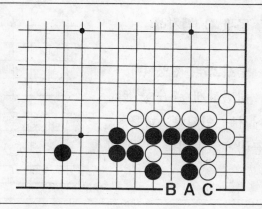

1도 정해

백1의 치중이 교묘한 맥점.

흑2의 후퇴는 부득이한 수. 백은 3에 건너 후수지만 멋지게 끝내기를 했다.

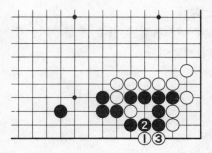

2도 변화

백△에 대해 흑1로 차단하면 백2의 막음이 선수가 된다. 흑3을 생략할 수 없음은 설명할 것도 없을 것이다.

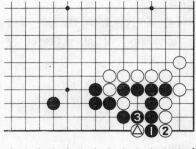

3도 실패

백1도 다음 백A, 흑B, 백C의 끝내기를 봐(또 흑이 손을 빼면 백D가 성립), 유력한 맥점이지만 후수라는 점에서 감점.

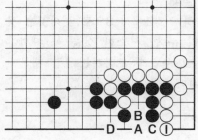

49

문제 43 (백차례)

문제29의 원형이다.
평범하게 후수를 끌
어서는 안된다. 다음의
끝내기를 본다.

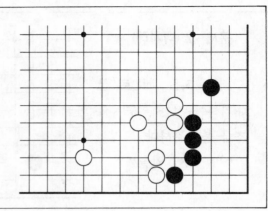

1도 정해

백1의 내려빠짐이 다음 수를 보는 끝
내기의 맥점이다.

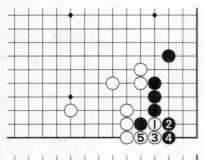

2도 참고

전도 다음 흑이 손을 빼면(물론 당연
히 손을 빼겠지만) 백1의 껴붙임이 끝
내기의 맥.

3도 실패

단순하게 백1에서 3으로 젖혀잇는 것
은 궁리 부족. 사소한 것을 꼭 따져야
하느냐고 우습게 보다가는 1집 때문에
울게 된다.

문제 44 (백차례)

이제까지 배운 것을 토대로 한다면 쉽게 풀 수 있을 것이다.

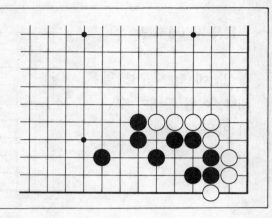

1도 정해

백1의 코붙임이 멋진 끝내기의 맥점이다. 이 한수로 흑은 전신이 저려온다.

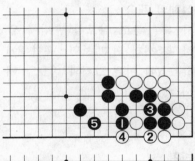

2도 계속

계속해서 흑은 1로 막는 정도. 백2에서 4의 젖힘에 흑5는 응수의 요령. 백은 선수로 상당한 전과를 거두었다.

3도 변화

백△에 대해 흑1로 차단하는 것은 무모한 행동. 백2로 올라가면 흑은 대책이 없다. 흑1로 A는 백B.

문제 45 (백차례)

실전에 잘 나오는 형태다. 어떤 끝내기 수단이 있을까?

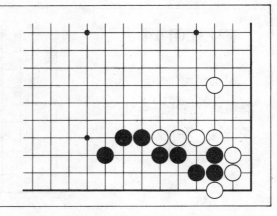

1도 정해

백1의 뛰어듦이 성립하는 곳이다. 이 수로 먼저 A, 흑B를 교환하는 것은 손해!

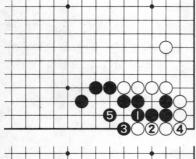

2도 정해의 계속

이어서 흑은 1로 양보할 수밖에 없다. 이하 흑5까지 되고 보면, 흑이 2에 두고 백이 A에 이은 그림과 비교할 때 3집의 차.

3도 변화

백△ 때 흑1로 차단하는 것은 무리. 백2 이하 10까지 큰 패가 된다. 이것은 백의 꽃놀이패나 다름없다.

문제 46 (백차례)

혹진 속에 있는 백 한점이 생환하는 맥점이 있다.

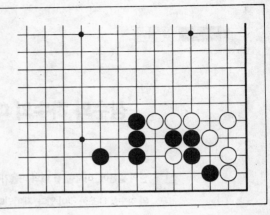

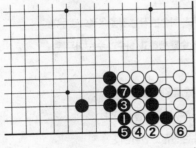

1도 정해

백1로 살그머니 빠져서 혹2로 받을 때 백3으로 젖히는 것이 호수. 백3으로 A는 혹3에 막혀 잘 안된다.

2도 계속

전도에 이어서 혹은 1 이하로 백의 건넘을 허용할 수밖에 없다. 백은 선수로 혹집을 크게 부수었다.

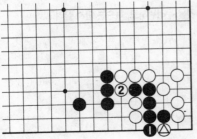

3도 변화

백△에 대해 혹1은 무리. 백2쪽에서 몰려 곡소리가 난다.

53

상수와 하수의 대조 20개조(上)

선인의 말씀에, 바둑을 둘 때의 마음가짐을 20개의 항목으로 나누어, 상수와 하수를 대조한 것이 있다. 재미있다고 생각하여 여기에 소개한다. 바둑의 숙달에 도움이 되었으면 한다.

1. 상수는 머리로 두고 하수는 눈으로 둔다.

2. 상수는 충분히 생각하여 다음 수를 둔다. 따라서 어떠한 경우에도 주저하지 않는다.

3. 하수는 두고난 후에 생각한다. 그러므로 자연히 주저하게 된다.

4. 상수는 손자의 병법과 마찬가지로 싸우지 않고 이기려 하고, 하수는 싸워서 이기려 한다.

5. 상수는 지지않는 것을 신조로 두고, 하수는 잡는 것을 목적으로 둔다.

6. 상수는 언제나 공수(功守)겸비의 수를 택하고, 하수의 수는 아무튼 어느 한쪽에 편중한다.

7. 상수는 선수를 다투고, 하수는 후수를 감수한다.

8. 상수는 수순과 모양을 중시하고, 하수는 공배를 메꾼다.

9. 상수는 사석을 아끼지 않고, 하수는 한집도 안버린다.

10. 상수는 다른 곳에 누를 끼치는 것을 두려워하고, 하수는 단지 살려고만 한다.

제 2장 중급편

문제 1 (백차례)

약간의 테크닉을 요구한다.

평범하게 끝내기를 해서는 안될 곳이다.

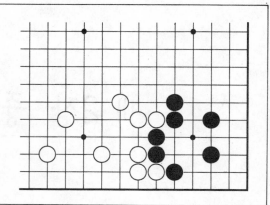

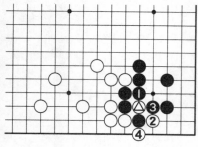

1도 정해

백1의 끊음이 끝내기의 맥점. 흑2면 백3이 선수이며 나중에 백A, 흑B도 선수가 된다. 수순의 묘라 할 만하다.

2도 변화

백△에 대해 흑1로 받으면, 비록 후수이지만 백2·4의 끝내기가 크다.

정해인 1도 백1과 3의 콤비를 음미하기 바란다.

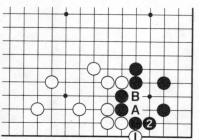

3도 실패

백1로 젖히는 것은 아주 평범한 끝내기. 흑2로 응수한 다음에는 백A에 끊어봤자 흑B로 받을 것이다. 실격.

문제 2 (백차례)

귀의 흑은 몇집이나 될까?

실전에서 빈도가 매우 높은 형태이므로 꼭 익혀두기 바란다.

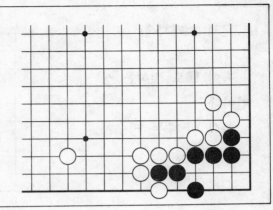

1도 정해

백1이 치중이 상용의 맥점.

흑2에는 백3~7로 흑두점을 잡는 것이 후수지만 크다.

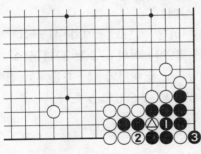

2도 변화

백△에 대해 흑1로 따내는 것은 집은 이득이지만 흑의 후수. 특별한 경우가 아닌 한 흑은 1도의 진행을 따르게 될 것이다.

3도 실패

백1, 흑2, 백3, 흑4로 끝내기하는 것은 매우 아마추어적인 수. 1도와 같은 좋은 끝내기 수순이 있는 곳이었다.

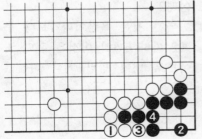

문제 3 (백차례)

혹이 ▲로 젖혀온 장면이다.

사실 이 수는 정수가 아닌데…….

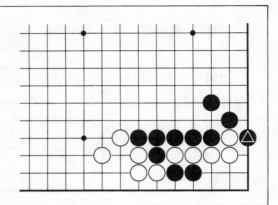

1도 정해

백1이 좋은 응수로 '2의 一'의 급소를 점령하고 있음에 주목하기 바란다.

이로써 혹의 모든 끝내기 수단을 봉쇄한다.

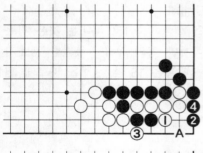

2도 실패1

실전이라면 백1로 잡기가 십상이다. 그러면 혹2가 '적의 급소는 나의 급소'에 해당하는 끝내기의 맥. 혹은 4로 건넌 다음 A의 부수입도 남는다.

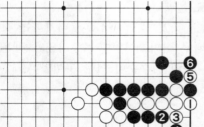

3도 실패2

백1로 막는 것은 욕심이라기보다 무리수. 혹2 이하 6까지 이것은 혹의 꽃놀이패이므로 백이 망한 거나 다름없다.

문제 4 (백차례)

하변 흑집에 대해 어떤 끝내기의 맥점이 있을까?

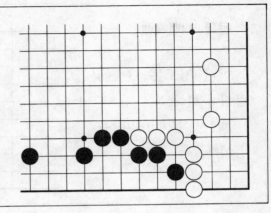

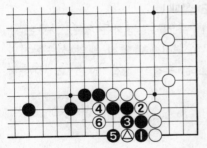

1도 정해

백1의 뛰어듦이 산뜻한 맥점. 흑2의 후퇴가 부득이할 때 백3으로 유유히 연락한다. 다음 백은 A 이하의 선수끝내기를 권리로 확보했다.

2도 변화

백◎에 대해 흑1로 차단하는 것은 무리.

백2 이하 6까지 보듯이 흑은 파멸을 초래할 뿐이다.

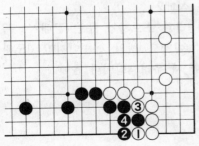

3도 실패

백1·3(수순을 바꿔도 마찬가지) 따위의 평범한 수로는 장래성이 없다. 1도가 비록 후수지만 본도보다 흑집이 무려 7집(다음의 권리까지)이나 많음에 주목할 것.

문제 5 (백차례)

이런 정도는 단숨에 풀어야 한다.

제1장 문제36의 응용이다.

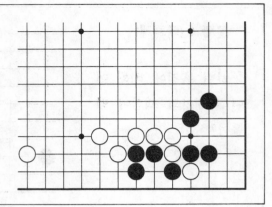

1도 정해

백1의 치중이 맥점. 앞서 제1장에서 비슷한 형태가 나왔다는 것을 기억하는 머리좋은 독자도 있을 것이다. 흑6까지 백의 선수.

2도 실패1

백1, 흑2를 결정하는 것은 그릇된 수순이다. 흑6까지 역시 백의 선수이지만 1도보다 흑집이 2집 많은 데 주목할 것.

3도 실패2

백1·3은 초보자가 두는 끝내기. 흑4까지 이것도 백의 선수이지만 1도와 비교할 때 무려 4집이나 손해다.

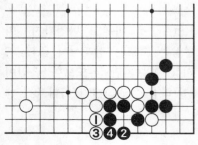

문제 6 (백차례)

귀의 흑을 최소한의
집이 되도록……

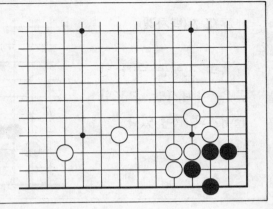

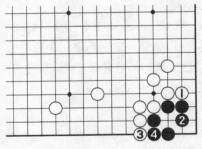

1도 정해

백1이 냉정무비한 맥점으로 꼭 익혀
두어야 할 수법. 흑2에서 6 다음 백A.
흑B로 될 테니 귀의 흑은 2집.

2도 실패

백1로 막는 것은 평범한 수. 흑2에서
4면 귀의 흑은 4집이니 정해인 1도보
다 2집 손해이다.

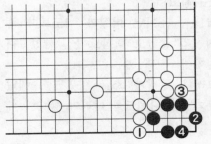

3도 유제

어쨌든 첫수는 백1. 흑2는 이 한수.
이 수로 3은 백2의 치중을 당해 무사할
수 없다. 각자 연구해볼 것.

문제 7 (백차례)

혹의 진영은 수가 날 곳은 아니지만 교묘한 끝내기의 맥이 있다.

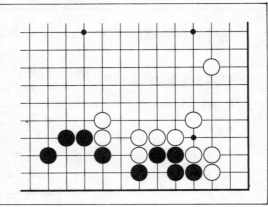

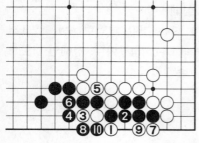

1도 정해

백1로 젖혀나가 사석을 던져놓는 것이 필요하다. 흑2 때 백3의 치중이 1과 연관된 맥점.

결국 백12까지 흑집을 최소화했다.

2도 실패

전도 백3으로 본도 1에 단수하는 것은 생각이 조금 모자란 수. 흑12까지 되고 보면 백1의 한점(2집)이 잡힌 만큼 1도보다 백의 손해.

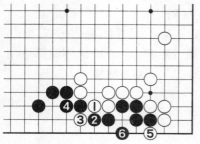

3도 참고

백1~ 흑6이면 어떨까. 1도보다 흑집이 1집 늘었고 백집도 1집 늘었으니 마찬가지 결과.

그러나 형태가 조금 바뀌면 손해일 경우가 많으니 1도를 따라야 할 것.

문제 8 (백차례)

하변 흑의 허점을 추궁한다.

첫수만 찾으면 외길이므로 일사천리.

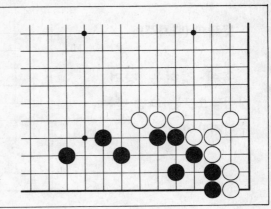

1도 정해

백1의 붙임이 날카로운 맥점. 실전이라면 속수의 의미가 있기에 못보고 그냥 넘겨버릴지도 모른다. 흑6까지 백은 선수로 흑집을 크게 줄였다.

2도 변화

1도 흑4로 본도 1·3이면 선수는 뽑을 수 있으나 백4까지 흑 두점을 뜯긴 손해가 너무 크다.

3도 실패

백1과 같은 직선적인 끝내기는 낙제점. 흑2가 '적의 급소는 나의 급소'에 해당하는 좋은 응수여서 4까지 이것은 1도보다 흑집이 2집 많다.

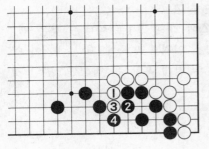

63

문제 9 (백차례)

혹이 젖혀온 장면. 상식적으로는 그냥 받는 수이지만……

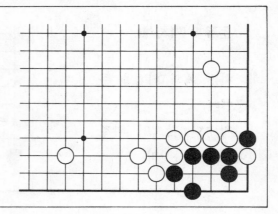

1도 정해

백1의 내려섬이 맥점. 혹은 2로 사는 한수이므로 백3을 선수하면 귀의 혹은 3집강(반패의 권리를 포함). 백A, 혹 B는 백의 권리.

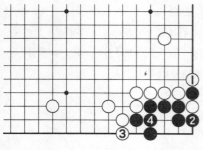

2도 실패

백1·3은 수순착오.

혹에게는 4라는 호수가 있어 귀는 4집강이므로 정해인 1도보다 1집 손해.

3도 참고

백△에 대해 혹1로 따내는 것은 백2의 급소 일격으로 죽게 되니 얘기가 안 된다. 예컨대 혹3에는 백4로 그만인 것이다.

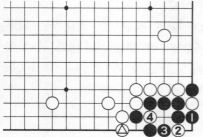

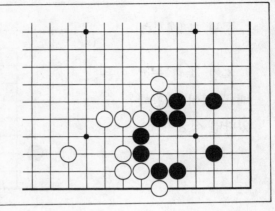

문제 10 (백차례)

대수롭지 않은 테크닉을 구사해 짭짤한 이득을 얻는다.

첫수가 멋진 맥점.

1도 정해

백1의 끊음이 교묘한 응수타진. 흑2를 기다려 백3·5를 선수한다.

다음 백A도 선수인 점이 백1의 효과.

2도 변화

백△에 대해 흑1쪽에서 받으면 백2의 코붙임이 통렬한 맥점.

흑3에 백4로 건너는 이 결과는 흑으로서 견딜 수 없을 것이다.

3도 실패

백1·3을 선수하는 것은 아주 평범한 수법. 이렇게 되고 나서 백A로 끊어봐야 흑은 B에 받는다. 흑C에 나가는 수도 흑의 권리여서는 1도보다 2집 손해.

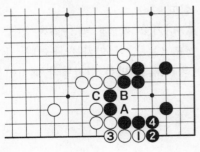

문제 11 (백차례)

흑진 속에 놓여 있는 백 두점이 생환해올 수 있다면 성공이다.

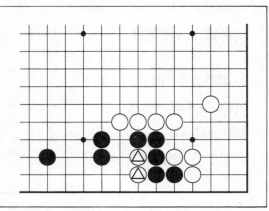

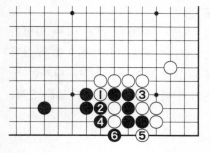

1도 정해

백1로 제1선을 젖히는 것이 교묘한 맥점. 흑2의 후퇴는 부득이하니 백은 3으로 △ 두점을 유유히 살려낸다. 다음 백A의 눈목자달림이 크다.

2도 변화

백△에 대해 흑1로 막는 것은 무리. 백2·4로 흑이 결딴난다. 흑1로 A에 젖혀봐도 백B면 흑은 방법이 없다.

3도 실패

백1로 나가고 흑2에 백3·5를 선수하는 정도로는 양이 안차는 곳이다. 1도 백1은 배워둘 만한 실전형의 맥점이었다.

문제 12 (백차례)

백은 △ 한점을 최대로 활용해야 한다.

백의 두번째 수가 끝내기의 상용 맥점이라고 할 수 있다.

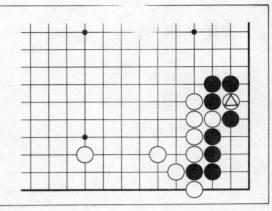

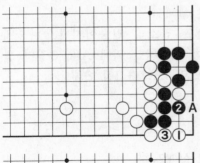

1도 정해

백1, 흑2를 선수한 다음 백3의 배붙임이 훌륭한 맥점. 백은 5까지 선수 끝내기를 할 수가 있다.

2도 실패1

백1의 뛰어듦도 맥점의 일종이지만 흑2, 백3으로 백의 후수. 비록 백A의 끝내기가 남지만 후수이므로 1도의 스마트함에는 못미친다.

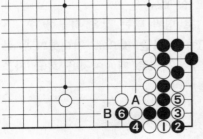

3도 실패2

1도 백3으로 본도 1에 기어나가는 것은 잘못. 흑2에 백3·5로 대들어봤자 흑6에 이르러 손을 들 수밖에 없다. 다음 백A면 흑B로 최악의 결과.

67

문제 13 (백차례)

혹이 젖혀온 장면.
백은 자칫하다가는 큰코
를 다칠 수가 있다.
조심!

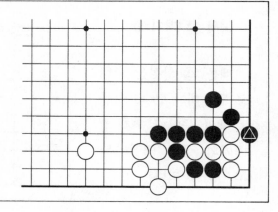

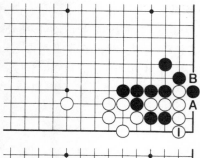

1도 정해

백1쪽으로 얌전하게 빠지는 것이 최
선의 응수.이 다음 백A, 흑B는 백의
권리로 본다.

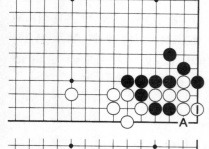

2도 실패1

백1도 급소의 일종이지만, 나중에
공배가 메워지면 귀에 A의 손질이 필
요하므로 1도보다 1집 손해.

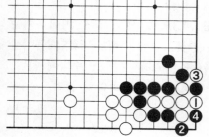

3도 실패2

백1로 덥석 막는 것은 경솔한 수. 흑
이 3에 이어줄 것으로 기대했다면 큰
착각. 흑2·4로 패, 이것은 화를 자초
한 꼴이다.

문제 14 (백차례)

젖혀이을 곳이 두 군데. 어느쪽을 먼저 두어야 할까.

수순의 중요성을 일깨워주는 문제다.

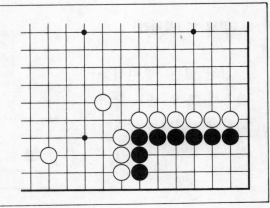

1도 정해

백1쪽을 젖히는 것이 올바른 방향이며 수순이다. 흑2·4에 백5·7쪽도 선수가 되는 점을 주목할 것.

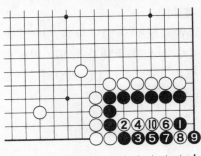

2도 참고

전도 흑4로 본도 1에 지키는 수가 있으면 얼마나 좋으련만 그건 욕심. 백2～10에서 보듯이 몰아떨구기가 성립한다.

3도 실패

백1·3쪽을 먼저 두는 것은 수순착오. 다음 백5에서 흑8로 될 곳이 아니다. 결국 이곳은 백7, 흑5로 봐야 하니 1도보다 2집 손해.

문제 15 (백차례)

잡혀 있는 백 한점을 활용해 흑의 선수 끝내기를 저지하려는 궁리가 필요한 장면이다.

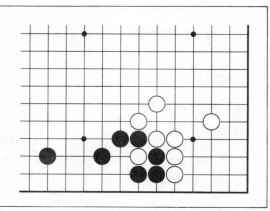

1도 정해

백1의 젖힘이 교묘한 희생타. 흑2는 최선의 응수로 다음 흑A, 백B, 흑C, 백D로 보면 백은 흑에게 선수로 젖혀이음을 당한 것보다 1집강의 이득.

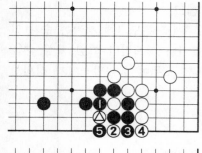

2도 변화

백△의 젖힘에 흑1로 따낼 경우에는 백2·4가 상용의 끝내기 수법. 이렇게 되면 백은 1도보다도 1집 가량의 이득.

3도 실패

백1·3의 젖혀이음은 평범. 이런 식의 후수 끝내기만 해서는 기력향상이 이루어질 리가 없다.

1도의 맥점을 음미해보기 바란다.

문제 16 (백차례)

흑진 속에 홀로 남겨져 있는 백 한점을 어떻게 이용하느냐가 문제를 푸는 열쇠다.

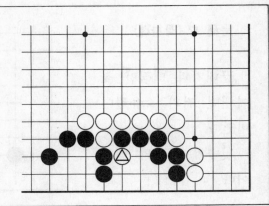

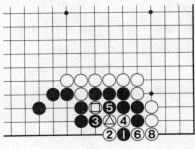

1도 정해

백1·3의 마늘모 연타가 백△와 호응하는 절묘한 수순.

이 다음 흑4로 5에 차단하는 것은 백4로 흑이 안되므로 백5까지는 필연.

2도 변화

그렇다면 '적의 급소가 나의 급소'이니 백△ 때 흑1이 급소가 아닐까 싶겠지만 백2~8이면 전도와 대동소이한 결과. 백2와 4는 수순을 바꿔도 상관없다. ❼…◻

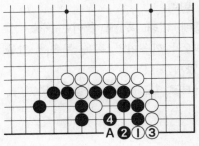

3도 실패

백1·3을 선수하는 것은 미흡하다.

또 백1로 A에 두는 것은 흑3에 젖혀 아무 것도 안된다. 각자 확인요!

문제 17 (백차례)

끝내기의 맥점만 찾아내면 귀의 소유권이 바뀐다.

첫수가 상용의 맥점이다.

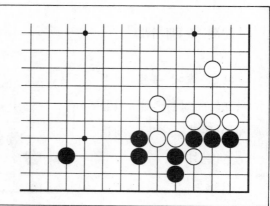

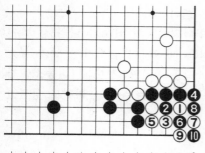

1도 정해

백1의 마늘모가 끝내기의 맥점.

흑2는 이 한수뿐이며 백은 3~7로 귀를 소유했다. 후수지만 무려 18집의 끝내기. ⑥…◬

2도 실패

백1은 속수. 흑은 10까지 이단패인 만큼 여유가 있다. 이것이 싫다면 흑4로 5에 따내 전도로 환원시킬 수도 있다. 선택권을 흑에게 주므로 1도에 못 미친다.

3도 변화

백◬에 대해 흑1에 붙이는 수는 실착. 백2의 끼움이면 흑은 두손을 안들 수가 없게 된다.

그러므로 1도 흑2는 어쩔 수 없었다.

문제 18 (백차례)

바로 막는 것이 상식
적인 것 같지만……

수순이 필요한 장면
이다.

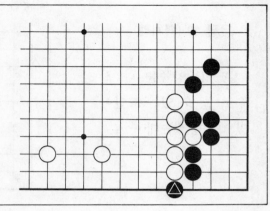

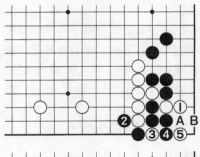

1도 정해

백1로 하나 끊어 두는 것이 맥점. 흑
2에 백3으로 먹여치는 것이 수순. 백5
다음 흑A는 백B로 막혀 못잇는다. 다
만 백3은 C에 나간 다음 흑D, 백5여
도 무방하다.

2도 변화

백1에 대해 흑이 2에 젖혀오면 백3
으로 먹여치고 5에 붙이는 것이 준렬한
반격. 다음 흑A, 백B로 흑은 패를 피
할 수 없으니 크게 망한 꼴이다.

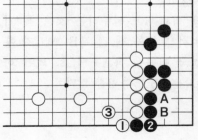

3도 실패

백1·3은 흑의 주문. 이 다음 백A에
끊어봤자 흑B면 아무 맛도 없다. 1도
와 비교해 흑집이 최소한 1집 이상 늘
어나 있음을 간과해서는 안된다.

73

문제 19 (백차례)

A, B 양쪽을 다 선수로 둘 수 있는 묘안이 있으면 좋겠는데……

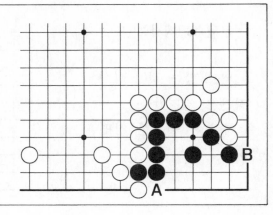

1도 정해

백1의 들여다보기가 교묘한 준비공작.

백3·5와 백7·9를 모두 선수할 수 있음이 백1의 효과임은 말할 것도 없다.

2도 변화

백1 때 흑2에 반발하면 백3에서 5의 맥이 작렬한다. 흑6은 부득이하다. 만약 7에 차단하다가는 백A로 패가 되어 사활이 걸린다. 1도보다 흑집이 1집 줄었다.

3도 실패

그냥 백1·3을 선수하는 것은 흑4가 호수여서 오른쪽 백A, 흑B, 백C가 후수. 결국 이곳은 흑A, 백C로 봐야 하니 흑집은 1도보다 2집 많다.

문제 20 (백차례)

실전이라면 백A, 흑 B로 끝내기할 가능성이 크다. 물론 그런 식은 실격.

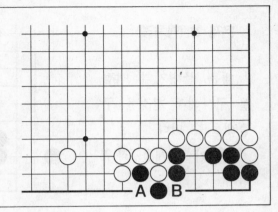

1도 정해

백1의 치중이 비범한 맥점. 흑2는 최선의 수이고 이때 백3도 호수. 결국 흑 6까지 백의 선수빅이다.

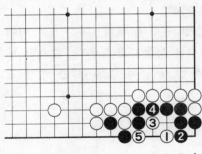

2도 변화

백1에 대해 흑2로 받는 것은 백3·5 의 통렬한 수단이 성립. 귀의 사활이 문제시된다. 그러므로 전도 흑2는 부득 이했었다.

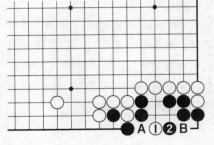

3도 실패

백1의 치중은 다음 흑A면 백B로 흑을 잡을 수 있다는 수읽기(오궁도화)겠지만 백의 야무진(?) 꿈은 흑2의 호수로 인해 수포가 되고 만다.

문제 21 (백차례)

백은 끝내기의 맥점을 구사해서 한점을 구출해올 수 있다.

첫수가 성패를 좌우한다.

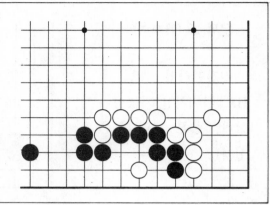

1도 정해1

백1의 젖힘이 이런 형태에서의 맥점. 이로써 백은 흑진 속에 있는 백 한점을 살려올 수 있다. 흑2면 백3, 흑4로 백의 선수.

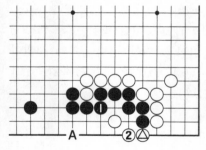

2도 정해2

백△의 젖힘에 대해, 흑은 1로 이어서 선수를 뽑을지도 모른다. 그러면 백2 다음 A의 눈목자달림이 큰 수가 된다.

3도 실패

백1의 마늘모도 맥점이지만 이 경우는 손해. 백3까지 후수가 된 형태와 1도를 비교해보면 쉽게 이해할 수 있다. 요컨대 본도는 백3, 흑2 때 백A 대신 1에 두어 후수를 끈 셈.

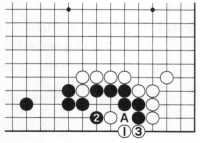

문제 22 (백차례)

흑A로 나가는 수를
둘 사람은 없을 것이다.
자, 그러면 답은 나온
셈인데……

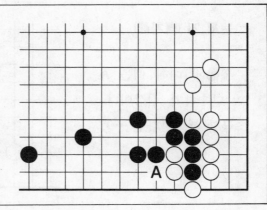

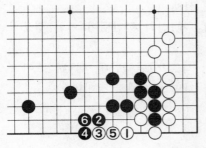

1도 정해1

백1의 마늘모가 끝내기의 맥점. 직감
적으로 이 수를 둘 수 있다면 끝내기
에 밝은 사람이다. 흑2면 백3·5가 선
수.

다만—

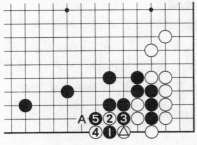

2도 변화

백△에 대해 흑1~5로 강력하게 나오
는 수가 있다. 다음 백A로 패가 되는
것이다. 백이 이 패에 승산을 가질 수
없다면—

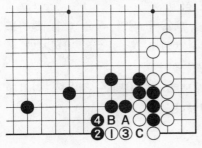

3도 정해2

애초에 백1로 날일자하는 방법도 있
다. 흑2·4는 올바른 응수. 흑2로 3에
건너붙이고 백A, 흑B, 백C, 흑4로
두는 것은 조금 손해다.

77

문제 23 (백차례)

흑▲에 대해 백은 A로 단수하기 십상이다. 조금만 생각한다면……

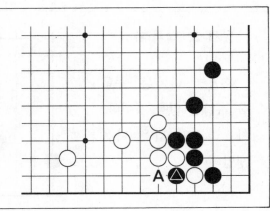

1도 정해

백1, 제1선의 한칸뜀이 이런 경우의 맥점.

흑2·4로 일단락인데 백1의 효과는 2도를 보면 명백해질 것이다.

2도 실패

백1도 선수지만 흑2로 따낸 다음이 1도와 다르다. 요컨대 흑A, 백B, 흑C, 백D, 흑E, 백F까지가 흑의 선수권리인 것. 정해인 1도보다 2집 손해.

3도 참고

다만 백△에 뛰면 흑은 손을 뺄지도 모른다. 백1로 흑 한점은 잡히지만 흑은 2가 선수.

그러므로 그 선택은 경우에 따르게 될 것이다.

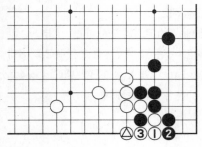

中급

문제 24 (백차례)

흑A의 끝내기(선수)를 방어하려면 어떻게 해야 할까?

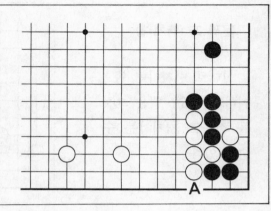

1도 정해

백1의 붙임이 맥점. 이곳은 '2의 一'의 급소이기도 하다. 백3 다음 흑4는 부득이한 가일수. 생략했다가는 백A의 패가 발동한다.

2도 참고

흑은 후수를 될 것을 우려해, 백△에 대해 손을 뺄지도 모른다. 그러면 백1·3이 선수가 되어 백은 전도보다 8집 정도 이득. 흑2로 3은 백A로 패.

3도 실패

백1도 맥점의 일종이지만 흑이 손빼면 백3이 후수. 거기서 흑이 또 손을 빼면 백5·7이 선수지만 이것은 2도처럼 된 다음 백이 A에 이은 꼴이므로 얘기가 안된다.

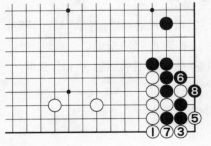

79

문제 25 (백차례)

이대로 방치하면 흑A 이하가 선수. 백은 그것을 선수로 저지하는 수순이 있다.

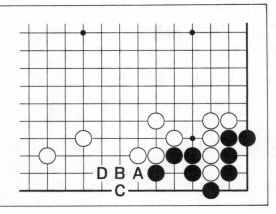

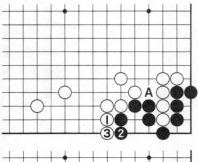

1도 정해

백1의 치중이 교묘한 맥점.

사활과 관계되므로 흑2는 절대. 거기서 백3·5를 절대선수로 둘 수 있는 것이다.

2도 실패

그냥 백1에 막으면 흑은 2로 내려선다. 이 다음 백3에 막는 것은 후수. 백A는 선수지만 후수를 끌었으므로 문제의 본래 뜻에 위배된다. 물론 낙제점.

3도 참고

전도 백3을 손빼면 본도 흑1 백6의 선수 7집끝내기를 당한다. 흑의 이런 권리를 봉쇄한 점이 1도 백1의 효과.

문제 26 (백차례)

흑A~백D는 흑의 권리인데. 백은 그것을 저지하는 호수순이 있다.

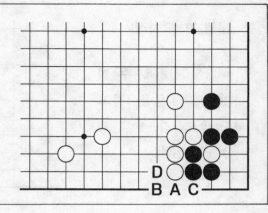

1도 정해

백1로 귀의 안쪽에서 두는 것이 상용 수단이다. 흑2에 백3으로 젖히고 5로 막아 흑이 선수로 젖혀잇는 끝내기를 저지했다. 귀의 흑집이 변동이 없는 점에 주목.

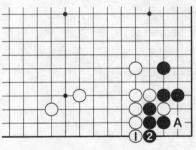

2도 참고

백1로 빠지는 수도 맥점이지만 후수이므로 미흡하다. 만약 흑이 2로 받아준다면 전도와 마찬가지지만, 손을 뺄 경우 얘기가 달라진다.

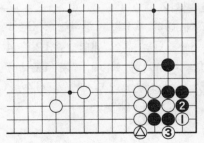

3도 후수

백△ 다음 백1로 젖히고 3으로 건너는 것이 크지만 후수.

81

문제 27 (백차례)

백△를 살려올 수 있다면 백의 성공이라고 봐도 좋으리라.

첫수가 급소.

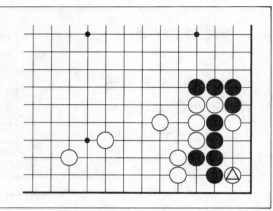

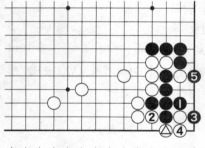

1도 정해

백1의 제1선 젖힘이 상용의 맥점. 흑2는 선수를 쥐기 위한 최선의 응수이며, 백은 유유히 3으로 건너가 목적 달성. 이 다음 백A, 흑B, 백C도 작지 않은 끝내기다.

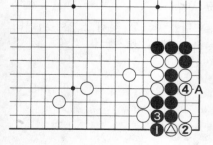

2도 변화1

백△ 때 흑1로 받는 것은 백2 이하 흑5까지, 집으로는 다소 득이지만 후수라는 점이 흑의 불만이다.

3도 변화2

백△에 대해 흑1로 저항하는 것은 무리다. 백2·4로 흑의 궤멸. 흑3으로 4면 화는 면하지만 백3에 끊겨 1도보다 손해인 것이다. 그 경우 백A가 선수.

문제 28 (백차례)

백△와 연관된 끝내
기의 맥점은?

△가 없는 경우와는
전혀 다르다.

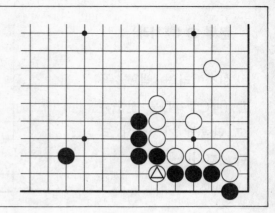

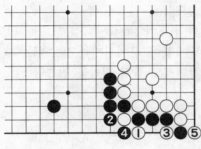

1도 정해

백1의 젖힘이 맥점.

흑2는 부득이하다. 백은 3·5로 이
득을 봐 백집이 2집 정도 불어난다.

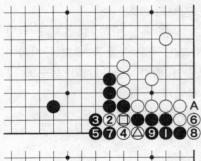

2도 변화

백△에 대해 흑이 1로 잇는 것은 무
리. 백2·4에서 10까지 절묘한 후절수
의 맥이 작렬한다. 흑5로 6, 백A로 두
면 패는 되지만 흑의 부담이 클 것이
다. ⑩…◯

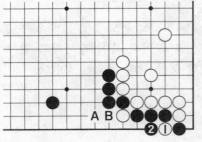

3도 실패

백1의 먹여침은 선수로 조금이라도
득을 꾀하려는 뜻이지만 다소 미흡하
다. 만약 A나 B의 곳에 흑돌이 있다면
이 그림이 최선의 끝내기겠지만.

문제 29 (백차례)

실전이라면 백A, 흑 B, 백C, 흑D를 선수하고 만족할 가능성이 크다. 그러나 ──.

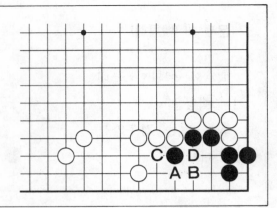

1도 정해

백1의 침투가 매서운 맥점.

흑의 사활이 문제되지는 않는다. 그러나 살더라도 몹시 핍박을 받는다.

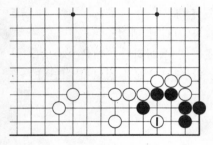

2도 정해의 계속

전도 다음 흑1 이하 11까지가 외길수순. 흑은 겨우 두눈을 내고 구차하게 산 모습인 반면, 백은 A의 선수도 덤으로 남았다. ⑩…❸

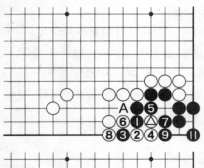

3도 실패

전도 흑3으로 본도 1에 곱게 잇는 것은 백2로 끌어서 흑이 횡사하고 만다. 이 2의 곳이 삶의 급소인 것이다.

문제 30 (백차례)

흑△는 A의 끊음을 보고 있다. 그러나 백은 이 호수(?)를 격파하는 맥점이 있다.

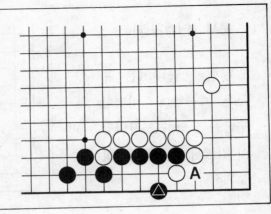

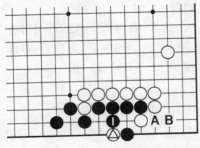

1도 정해

백1이 기발한 착상으로 흑의 꿈을 깨는 맥점. 흑2면 백3이 선수가 되는 것이다. 흑4를 손빼면 백4로 끊어 흑 여섯점을 잡을 수 있다.

2도 변화

백△에 대해 흑이 1로 받으면 백은 손을 빼도 된다.

다음 흑A에 백B가 성립해 흑A의 돌이 살아갈 수 없다. 이것이 백△의 효과.

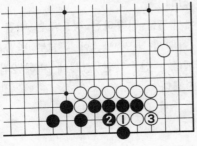

3도 실패

백1·3으로 두는 것은 무미건조한 수법. 하기야 1도의 맥점을 모른다면 이렇게 두는 정도겠지만.

문제 31 (백차례)

평범한 끝내기는 누구든 가능하다. 비범한 수순은 노력하는 사람만이 가능하다. 백△를 활용해서……

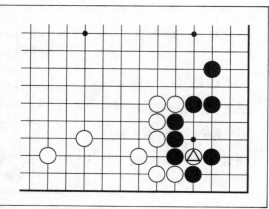

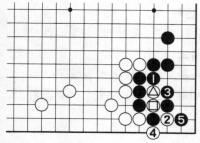

1도 정해

백1로 흑의 응수를 살피는 것이 재미있는 맥점. 흑2에는 백3~7이 선수이며 백A의 선수도 덤으로 남았다.

2도 변화

백△에 대해 흑1이면 백2가 성립한다. 후수이지만 백6까지 흑집을 크게 부수므로 백의 만족이다. ⑥…◻

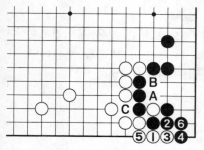

3도 실패

백1에서 5를 선수하는 정도로는 미흡하다. 이렇게 되면 백A에 흑B로 받을 테니 백C가 선수였던 정해에 비해 2집이나 손해다.

문제 32 (백차례)

백A, 흑B, 백C, 흑D를 선수하는 것은 무의미한 수. 초보자도 그런 끝내기는 할 줄 안다.

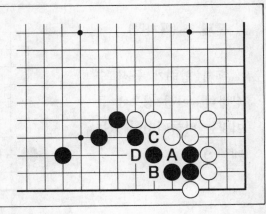

1도 정해

백1의 뛰어듦이 날카로운 맥점. 흑2~6의 후퇴는 부득이하다. 문제에서의 평범한 선수끝내기보다 백은 2집 이득이다.

2도 변화

백△에 대해 흑1로 건넘을 저지하는 수는 무리. 백2·4의 몰아떨구기가 보기좋게 성립. 이것은 흑이 망하는 그림이다.

3도 실패

백1·3의 끝내기는 최악의 선택. 이 결과는 정해와 비교해보면 흑집이 1집 많다. 게다가 백이 후수인 만큼 애깃거리가 안된다.

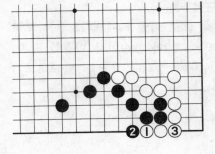

문제 33 (백차례)

혹의 형태가 몹시 수상하다. 이런 경우에 들어맞는 바둑격언이 있는데……

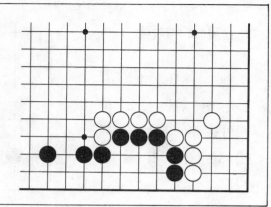

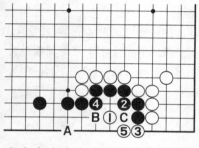

1도 정해

백1의 치중이 격언대로 석점의 중앙에 해당하는 급소. 흑2에는 백3에 젖히는 수가 호수.

다음 흑4면 백5로 건너고 A의 눈목자달림을 보게 된다. 흑4로 B면 백C.

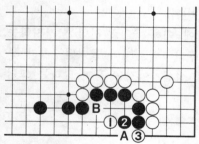

2도 변화

백1에 대해 흑2로 받아도 백3의 젖힘이 맥점. 흑이 계속 고집스럽게 A로 차단하는 수는 백B에 끊겨서 파멸을 부를 뿐이다.

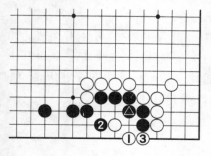

3도 실패

흑이 △로 이었을 때 백1로 마늘모하는 것은 흑2가 호수여서 미흡한 결과. 백3까지와 정해인 1도를 비교해보기 바란다.

문제 34 (백차례)

백△ 한점을 활용하는 문제다. 백A, 흑B를 선수하는 것은 실격. 흑C가 선수가 된다.

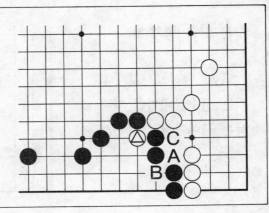

1도 정해

백1이 멋진 끝내기의 맥점이다. 흑2에 백3으로 단수하고 흑4에 백5마저도 선수. 이 그림이 평범하게 둔 것보다 2집 이득임을 주목하기 바란다.

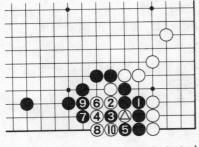

2도 변화

백△에 대해 흑1로 잇는 것은 욕심사나운 수. 백2의 막음이 성립해 이하 10까지 보듯이 이것은 패. 백은 부담없는 꽃놀이패다.

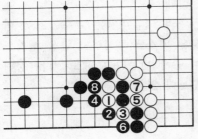

3도 참고

이 경우는 백1로 그냥 두어도 정해와 마찬가지 결과를 얻는다. 흑4로 6이면 백7. 흑1로 1도와 같아진다.

문제 35 (백차례)

혹A 이하로 젖히고 잇는 선수끝내기를 저지 하는 끝내기의 맥점은?

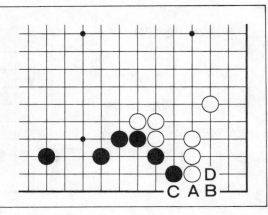

D
C A B

1도 정해

백1의 치중이 맥점.

혹2면 백3·5가 선수. 혹A로 두점이 잡히는 수는 남지만 혹의 선수 젖혀이음을 봉쇄한 데 만족한다.

2도 변화

백⊖에 대해 혹1이면 백2·4로 선수를 쥐는 것이 수순.

다만 백4로는 경우에 따라 5에 끊을 수도 있다.

3도 실패

백1·3의 역끝내기는 후수이므로 미흡. 혹은 백A를 무시하고 손을 뺄지도 모르며 B에 받는다고 해도 백은 정해인 1도보다 2집 가량 손해.

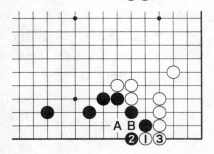

문제 36 (백차례)

백1 이하 흑4까지를 선수하는 정도라고 생각한다면 그 생각에 메스를 가하고 싶다.

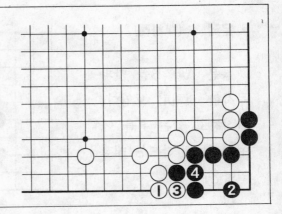

1도 정해

백1의 먹여침이 사활과 연관된 끝내기의 맥점. 흑2는 최선의 응수인데 거기서 백3이 또 급소. 결국 흑6까지 백의 선수이며 다음 백A, 흑B로 될 곳.

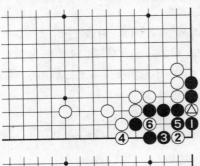

2도 변화

백△에 대해 흑1로 따냈다가는 백2의 급소 일격으로 귀의 흑이 횡사하고 만다. 다음의 변화는 각자 연구해볼 것.

3도 실패

1도 백3으로 단순하게 1에 따내는 것은 흑4(호수!)까지 보듯이 정해보다 흑집이 1집 더 생긴다. 흑4를 A에 두게 한 1도의 수순을 음미해보기 바란다.

문제 37 (백차례)

흑은 A와 B를 맞봐 무사한 것처럼 보인다. 안심하고 있는 흑을 아연실색하게 만드는 맥점 일발은?

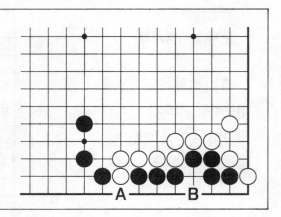

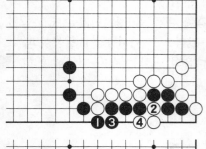

1도(정해)

백1의 치중이 흑을 놀래키는 급소 일격.

흑이 A(또는 B)면 백C로 젖혀 귀를 흐뭇하게 접수한다.

2도 계속

따라서 흑은 1로 넘을 수밖에 없다. 그러면 백2로 끊어서 흑 넉점을 포획한다. 백4까지 될 곳. 흑3으로 4는 백3으로 피해가 더욱 크다.

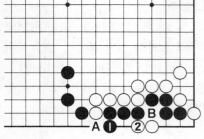

3도 변화

전도 흑1로 본도 1에 꼬부려도 백2가 호수여서 어차피 흑 넉점은 살아갈 수 없다. 다음 흑A에 백B.

문제 38 (백차례)

백△를 최대한 활용하는 끝내기의 수순을 연구해보자.

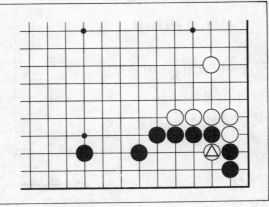

1도 정해

백1이 교묘한 준비공작. 흑2를 기다려 백3으로 '2의 一'에 붙이는 수가 멋진 맥점이다. 흑4의 후퇴는 부득이하다. 만약 흑5면 백A로 이것은 백의 꽃놀이패.

2도 변화

백△ 때 흑1의 빈삼각은 급소의 일종이지만, 이 경우는 무리. 백2·4에 의해 흑 석점이 떨어져나간다. 다른 변화도 확인해보기 바란다.

3도 실패

그냥 백1·3에 젖혀잇는 것은 묘미가 없다. 흑4로 잡혀 이것은 정해인 1도에 비해 흑집이 5집이나 많다. 백3으로 뒤늦게 4에 두어봐야 흑A로 그만.

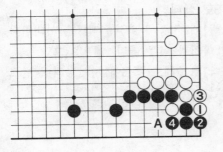

문제 39 (백차례)

이 흑집은 몇집으로 봐야 할까?

정확하게 맞춘다면 유단자급.

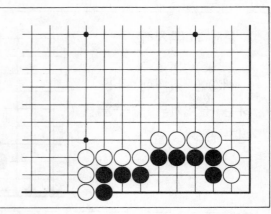

1도 정해

백1의 젖힘이 평범하면서도 비범한 맥점.

다음 흑은 덜컥 A로 받다가는 백B로 끊겨 횡사하므로—

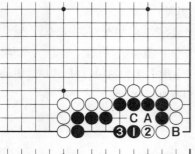

2도 계속

흑1의 한칸뜀이 정수. 백2에 대한 흑 3도 호수이다. 이 다음 흑A, 백B로 봐서 흑집은 4집이 된다. 흑3은 C에 두기 쉬운데 그럴 경우 흑집이 3집임에 주목!

3도 실패

백1에 치중해 흑A, 백B를 기대한다면 염치가 너무 좋다. 흑2로 그만.

백1로 2해도 흑B에 차단당해 불발로 끝난다.

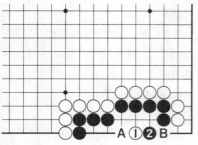

문제 40 (백차례)

백1, 흑2, 백3, 흑4
를 선수하는 것이 상식
적이다. 그러나 후수라
도……

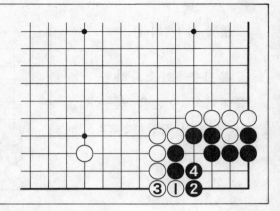

1도 정해

백1로 파고드는 것이 강렬한 맥점.
흑2의 후퇴는 도리가 없으니 백3·5가
선수. 흑6을 손빼면 백A, 흑B, 백C로
빅을 만드는 수단이 남는다.

2도 변화1

백△에 대해 흑1로 차단하면 백2가
급소. 흑3에 백4·6이면 백의 선수빅.
흑3으로 4면 백6, 흑7, 백3으로 다음
5의 패를 노리게 된다.

3도 변화2

·전도 흑3으로 1에 몰면 아무 것도 아
닌 것 같지만 백2·4로 버티는 수가 있
다. 1수가 늘어졌지만 흑은 부담이 큰
패일 것이다.

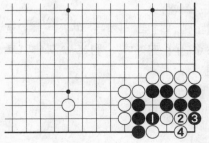

문제 41 (백차례)

혹집을 최소화하는 끝내기의 수순을 묻는다. 첫수만 착안하면 그 다음은 술술.

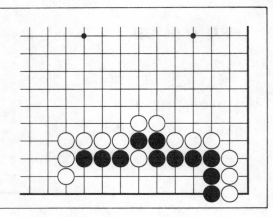

1도 정해

백1의 젖힘이 재미있는 맥점. 혹2는 절대이니 백3·5·7의 건넘이 선수. 혹집은 7집. ❻…△

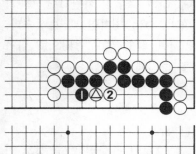

2도 변화

백△에 대해 혹1은 말도 안되는 응수. 백2로 잇는 순간 혹 전체가 비명횡사하고 만다.

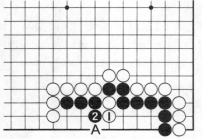

3도 실패

애초에 백1로 빠지는 따위는 혹2로 후속수단이 끊긴다. 백1로 A도 혹1로 그만.

문제 42 (백차례)

귀의 흑집은 몇집으로 봐야 할까?
상용의 맥점!

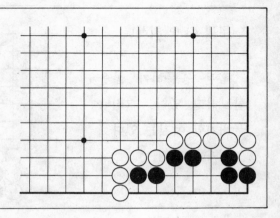

1도 정해

백1. 흑2 다음 백3으로 여기까지 침투하는 맥점이 있었다. 실전에서 이렇게 둔다면 흑은 혼비백산할 것이다.

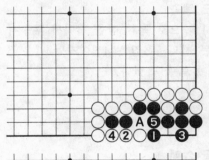

2도 계속

흑1은 최선의 응수. 백은 2·4를 선수, A의 이득(백의 2집 권리로 봄)을 남기고 다른 곳을 향해도 좋다. 귀의 흑집은 제로인 셈.

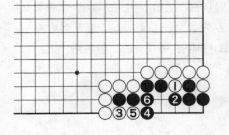

3도 실패

백1. 흑2 다음 백3으로 단순히 나가는 것은 흑4가 '적의 급소는 나의 급소'에 해당하는 호수여서 실패. 귀의 흑집은 무려 5집.

97

문제 43 (백차례)

흑은 훌륭하게 삶을
확보하고 있다. 그러나
끝내기할 여지는 있다.
첫수가 맥점.

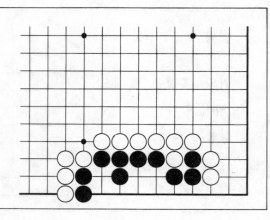

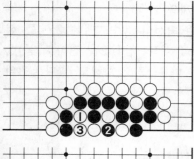

1도 정해

백1의 치중이 날카로운 치중. 흑2의
이음은 부득이하며 이때 백3의 붙임이
연이은 호수. 흑4, 백5, 흑6 다음—

2도 계속

백1·3으로 흑 두점을 잡아서 후수지
만 큰 전과. 흑집은 4집이지만 백은 5
집의 소득을 올렸다.

3도 실패

백1쪽을 먼저 붙이는 것은 수순착오.
흑2 다음 백3으로 뒤늦게 두어봤자 흑
4로 따내면 아무 수도 안된다.

제 3장 고급편

문제 1 (백차례)

혹의 자충을 노려 이득을 취하는 끝내기의 맥점이 있다. 백A면 혹B로 별게없다.

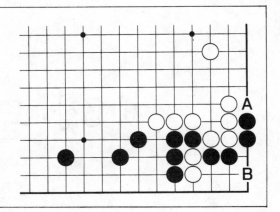

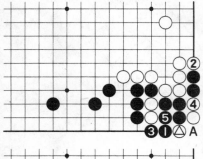

1도 정해

백1의 치중이 흑의 자충을 노리는 맥점. 흑2에는 백3에 젖히는 수가 최강. 결국 백5까지 혁혁한 전과를 올렸다.

2도 변화1

백⊘에 대해 흑1이면 백2에서 4로 백이 좋다. A의 패가 문제지만 흑의 부담이 크므로 전도처럼 된다고 보는 것이 옳다.

3도 변화2

백⊘에 대해 흑1로 잇는 것은 무리.
백2·4로 패(백의 꽃놀이패)가 되므로 이것은 큰 수가 난 꼴이다. 흑의 응수 미스.

문제 2 (백차례)

첫수는 별로 어렵지 않은데 문제는 그 다음이다. 백5가 침착한 끝내기의 맥점.

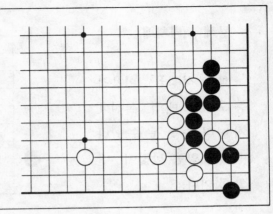

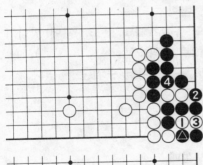

1도 정해

백1의 끼움은 이 한수이며 흑2, 백3, 흑4 다음 백5가 침착한 공략.

흑6·8 다음—

2도 계속

백1로 먹여치고 3에 따내는 것이 선수. 흑4 다음 백은 ● 자리에 잇든가 다른 곳에 손을 돌리든가, 이미 소기의 성과는 얻고 있다.

3도 실패

1도의 백5로 본도 1은 잘 안된다. 흑2 이하 10까지 환격이 되므로 별로 끝내기한 것이 없다. 전도와는 천양지차.

⑦…● ⑨…□ ⑩…●

문제 3 (백차례)

백△ 석점을 이용하는 교묘한 맥점. 실전에서 이런 수를 둘 수 있다면 상대방은 낯빛이 변할 것이다.

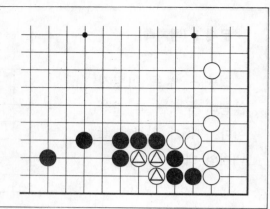

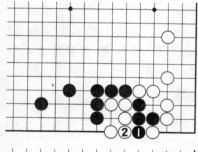

1도 정해

백1의 마늘모가 교묘한 수로 시발점. 흑2는 절대이며 여기서 백3의 젖힘이 또 교묘한 수.

흑4·6 다음 백7. 흑8로 일단락. 이로써 백은 7집 가량의 선수이득을 얻은 셈. ⑦…△ ⑧…回

2도 변화

전도 흑4로 자칫 본도 흑1에 받다가는 백2로 흑의 궤멸.

전도 흑4는 어쩔 수 없는 수였다.

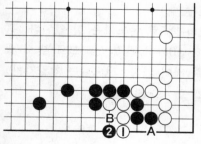

3도 실패

백1로 수상전을 시도하는 것은 어리석은 행동이다. 흑2의 일격으로 허무하게 수가 나지 않는다. 다음 백A면 흑B.

문제 4 (백차례)

백A, 흑B로 선수하고 이 정도가 아니냐고 생각한다면 슬픈 일이 아닐 수 없다.

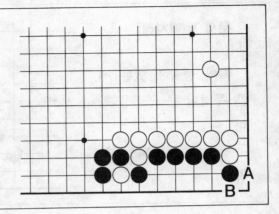

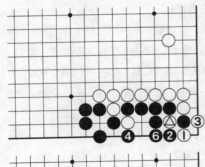

1도 정해

백1, 흑2를 선수하고 나서 백3에 끊는 것이 수순.

흑4에 이어서—

2도 계속

백1이 호수여서 흑2에 백3으로 이단패. 팻감이 관건이지만 흑의 부담이 크므로 다음 흑4, 백5, 흑6으로 된다고 봐야 할 것이다. ⑤…△

3도 변화

전도 흑2로 본도 1이면 백2로 단패.

이렇게 되어서는 대사건이므로 흑은 전도처럼 두는 정도다.

문제 5 (백차례)

혹의 품속에 있는 백 ⊛ 두점이 큰 구실을 한다.

첫수가 비약적인 착상.

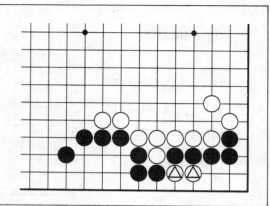

1도 정해

백1, 역시 '2의 一'의 곳은 귀의 영원한 급소인 것이다.

혹2에는 백3으로 젖혀서 혹의 자충을 추궁하며 간단히 연락.

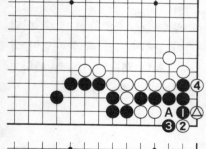

2도 변화

백⊛에 대해 혹1이면 백2가 강수. 혹3에는 백4로 혹은 패를 피할 수 없다. 그렇다고 혹3으로 A는 백4를 불러 후수가 되는 만큼 혹은 괴롭기 짝이 없다.

3도 실패

백은 무심코 1로 젖히기 쉽다. 그러면 혹2가 호수. '적의 급소는 나의 급소'인 것이다.

혹2로 A면 백2로 1도에 환원된다.

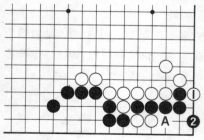

문제 6 (백차례)

백A, 혹B를 선수하는 것으로는 끝내기를 했다고 볼 수 없다. 초보자라면 또 모를까.

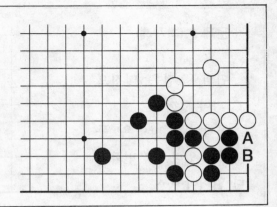

1도 정해1

백1, 보태주는 수 같지만 혹의 자충을 유도하는 맹점의 맥점이다. 혹2는 상식적인 응수.

그러면 백3·5가 선수. 이 결과는 초보자의 끝내기보다 2집 이득.

2도 정해2

백△에 대해 혹은 1로 받는 수도 있는데 백2·4면 1도와 똑같은 결과가 된다.

3도 변화

백△에 대해 혹1로 받으면 사건이 발생한다. 백2 이하 혹7까지 이것은 혹의 후수빅인 만큼 도무지 얘기가 안된다.

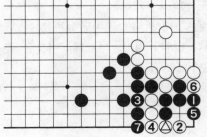

문제 7 (백차례)

귀의 흑집은 몇집으로 봐야 할까.

공략하는 방법은 두 가지가 있다. 그 변화를 다 읽어야…….

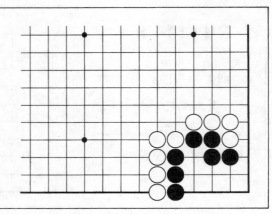

1도 정해1

우선 첫번째 공략. 백1의 치중이 급소이며 맥점.

역시 귀의 급소는 '2의 一'의 곳이 상당수를 차지하고 있다.

2도 계속

전도에 이어서 흑1은 최선의 응수로 5까지 삶.

이 다음 A의 후수 2집(백의 1집 권리)이 남았으니, 귀의 흑은 1집으로 봐도 좋다.

3도 변화1

백△에 대해 흑1로 차단하는 것은 백 2 이하 6까지 패가 되는데 이것은 흑이 부담스러울 것이다.

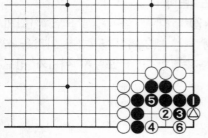

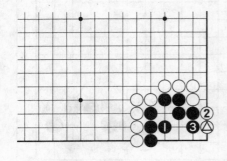

4도 변화2

백△ 때 흑1로 안쪽에서 한눈을 만드는 수도 생각할 수 있다. 백2면 흑3으로. 이 결과가 **정해1**에 비해 흑으로서 득임은 말할 것도 없다.

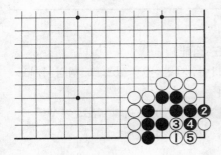

5도 변화3

그러나 전도 백2로는 본도 백1로 두는 수단이 있다. 백5까지 패가 되므로 흑은 위험한 다리를 건너려고 한 셈. 또한 백1로는 4에 두는 수도 성립.

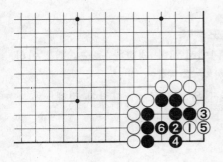

6도 정해2

두번째 공략. 백1로 붙이는 수도 성립한다.

흑2 이하 6까지 정해1과 마찬가지 결과가 된다.

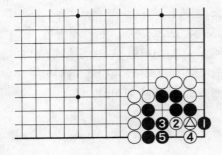

7도 변화4

백△에 대해 흑1로 저항하면 백은 2에서 4. 흑은 5로 패를 방비하지 않을 수 없으니 백의 선수빅. 이 결과는 흑의 1집 손해.

문제 8 (백차례)

혹을 잡으라는 문제
는 아니다. 혹집을 최소
화하는 끝내기의 맥점
은? 결국 혹집은 제로
가 되는데…….

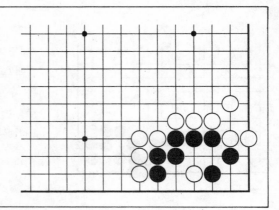

1도 정해1

백1이 기발한 착상으로 맥점이기도
하다

이곳(2의 二)도 귀의 급소 가운데 하
나다. 계속해서—

2도 계속

혹1에서 3이 냉정한 응수. 백4 이하
10까지 후수지만 빅.

혹집은 제로로 이 그림이 정해.

3도 변화1

전도 혹3으로 본도 1은 경솔한 수.
백2에서 4로 건너면 혹은 자충에 운다.
요컨대 혹A, 백B, 혹C의 몰아떨구기
가 성립하지 않는 것이다.

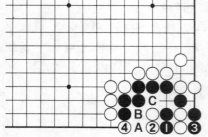

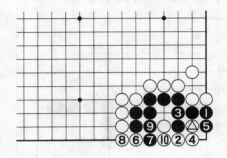

4도 정해2

백△에 대해 흑1로 변화를 꾀해봐도 백2에서 10까지 2도와 같은 결과가 된다.

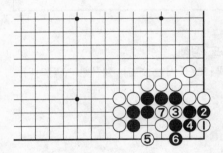

5도 변화2

백1의 치중은 악수. 흑2로 잇고 보면 수가 안된다. 다만 백3에 흑4면 백5·7의 맥이 보기좋게 성립하지만—

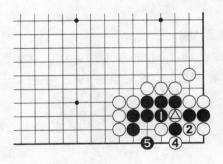

6도 실패1

전도 흑4로는 본도 흑1로 잠자코 따내는 호수가 있었다.

이하 흑5까지 보듯이 백의 불발로 끝난다. ❸…△

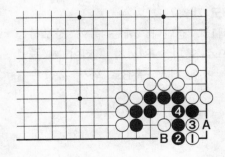

7도 실패2

백1쪽에서 치중하는 것도 흑2·4로 수가 안된다.

흑4가 호수로, 자칫 A면 백B에 단수당해 3도로 환원된다.

109

문제 9 (백차례)

대단히 까다로운 문제로 아마추어 고단자도 틀릴 만한 수준이다. 그러나 한번 도전해보길!

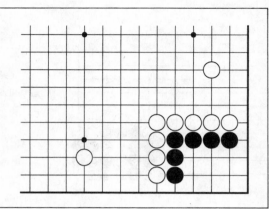

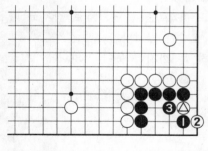

1도 정해

백1로 붙이는 수가 강력한 수단이다.

2도 계속

백 ◎에 대해 흑은 1로 붙이는 수가 좋다. 백2의 젖힘도 호수. 흑3 다음—

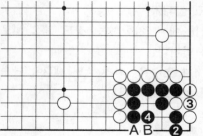

3도 계속2

백1로 건넌다. 패는 흑이 양보하는 것으로 본다. 흑4까지 흑집이 꽤 줄었다. 이후 백A, 흑B로 봐서 흑집은 3집.

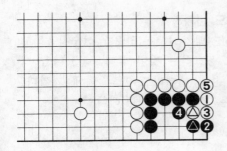

4도 변화1

흑●에 대해 백1로 당장 건너면 흑2가 있다.

백4, 흑5까지 이 결과는 흑집이 상당하다.

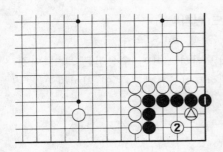

5도 변화2

백△에 대해 흑1이면 백2의 마늘모가 강력하다.

이것은 흑도 성가시다. 계속해서—

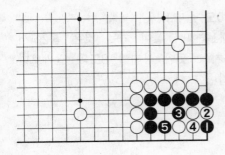

6도 계속1

흑1로 치중하는 것이 최선이다

백2에 차단할 경우에는 흑3에서 5가 좋은 수순. 이 다음—

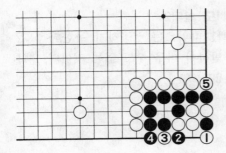

7도 계속2

백1로 따내고 흑2에 백3에서 5면 빅.

그러나 이것은 백의 후수이므로—

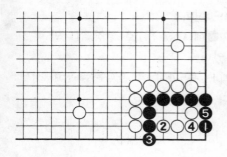

8도 변화3

6도 백2로는 본도 2를 선수활용하고 4로 웅크리는 것이 좋다. 흑5 다음 백이 손을 빼더라도 거의 빅에 가깝다. 패는 흑의 부담이 클 테니.

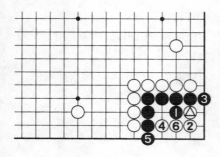

9도 변화4

백△ 때 흑1은 악수.

백2 이하 6이면 수상전은 백이 이긴다. 이른바 '유가무가'인 것이다.

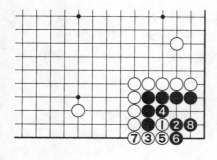

10도 실패1

백1쪽에서 붙여 가는 것은 흑2에서 8까지 보듯이 정해인 3도의 결과보다 흑집이 크다.

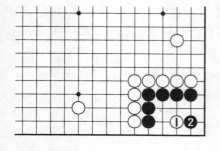

11도 실패2

백1 따위로는 성공하지 못한다. 흑2로 받아서 아무 수도 없는 것이다. 백1로 2면 흑1.

문제 10 (백차례)

백△로 나가자 흑▲로 받은 장면이다. 뭔가 기미가 수상한데 무슨 수가 있을까?

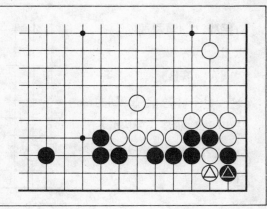

1도 정해

백1로 나가고 3에 끊는 수가 흑의 자충을 유도하는 맥점. 흑4에 백5로 귀의 흑 두점을 잡는다. 흑A, 백B, 흑C가 성립하지 않음에 주목.

2도 변화

백△에 대해 흑1이면 이번에는 백2로 한점을 잡으며 흑진을 돌파해서 만족이다. 상황에 따라서 흑은 이 그림과 같이 둘 가능성도 있다.

3도 실패

백1의 붙임도 일종의 상용수법(맥점)이지만 백3을 선수하는 정도로는 정해인 1도와 비교가 안된다.

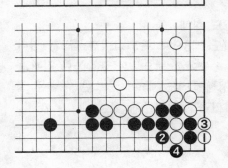

113

문제 11 (백차례)

백A, 흑B, 백C, 흑 D를 선수하는 정도로는 끝내기의 맥을 구사했다 고 보기 어렵다. 그렇다 면?

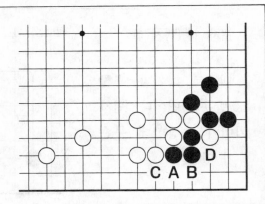

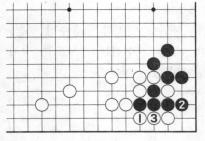

1도 정해

백1의 침투가 날카로운 맥점. 흑2는 절대이며 거기서 백3·5의 수순이 긴요하다.

흑8까지 백은 선수로 귀를 잠식해서 대성공.

2도 변화

전도 흑6으로 본도 1이면 백2·4. 후수지만 이렇게 귀를 크게 장악한 것이 큰 이득임은 두말할 나위도 없다.

3도 실패

1도 백3으로 본도 1이면 흑2가 침착한 응수여서 백으로서 불충분한 결과.

정해인 1도 백3이 중요한 수임을 알수 있을 것이다.

문제 12 (백차례)

백A, 흑B, 백C로 끝
내기하는 것은 누구나
둘 수 있는 수.

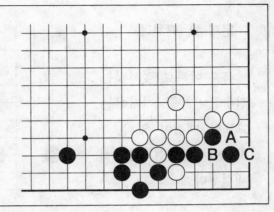

1도 정해1

백1로 안쪽에 갖다붙이는 수가 절묘
한 맥점. 흑2에는 백3·5로 귀의 주인
이 바뀐다. 이 다음 A가 큰 수.

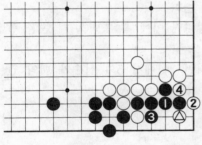

2도 정해2

백△ 때 흑1로 잇는 수도 있다. 그러
면 백2로 젖히는 수가 맥점이다.
백4까지 전도와 똑같은 결과.

3도 변화

백△ 때 흑1은 경솔한 응수. 백2에서
흑7까지 보듯이 흑의 후수. 이 결과는
흑이 불만스럽다. 변화도라기보다는 흑
의 실패도.

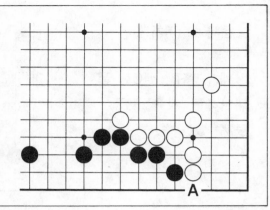

문제 13 (백차례)

혹A 이하로 젖혀잇는 선수끝내기를 저지하는 교묘한 맥점이 있다. 첫수만 찾으면 간단히 해결된다.

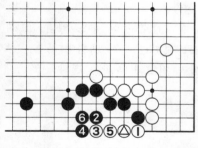

1도 정해

백1로 희생타를 던져 넣는 수가 교묘하다. 혹2면 백3·5가 선수. 혹집은 변동이 없지만 백집은 백이 젖혀이었을 경우에 비해 2집이 많다.

2도 변화

그렇다면 아예 혹은 백△ 때 손을 뺄지도 모른다.

그러면 백1에서 5의 선수가 백의 권리.

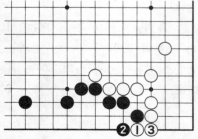

3도 실패

백1·3으로 젖혀이어 혹의 선수를 저지하는 후수끝내기와 정해를 비교해보면 1도 백1의 효과를 알 수 있다.

문제 14 (백차례)

흑진은 왠지 허술해 보인다. 아니 틀림없이 뭔가가 있다.

자, 어떤 끝내기의 맥점이 있을까?

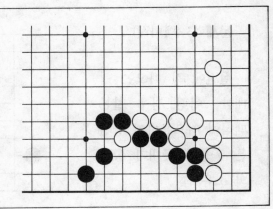

1도 정해

백1의 치중이 교묘한 맥점이다. 흑2의 후퇴가 부득이하므로 흑4까지는 필연적인 진행.

흑은 나중에 가일수가 필요하다.

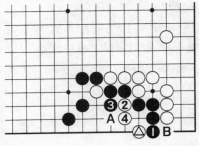

2도 변화

백△에 대해 흑1로 차단하는 것은 무리. 백2·4로 왼쪽 흑 넉점이 떨어져 나간다. 다음 흑A에 백B. 백△와 흑1의 교환이 효과를 발휘하고 있다.

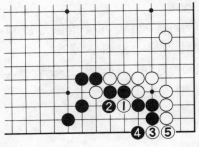

3도 실패

평범하게 끝내기한다면 백1로 끊고 이하 5까지. 이 결과는 정해인 1도와 비교해 2집이나 손해다.

117

문제 15 (백차례)

실전에 잘 나오는 형태다. 이런 경우 얼른 맥점이 떠오른다면 당신은 훌륭한 끝내기 솜씨의 소유자다.

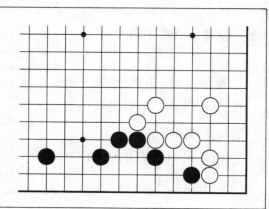

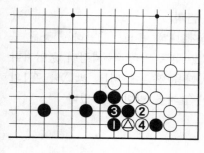

1도 정해1

백1로 껴붙여 한발 더 파고드는 것이 비약적인 착상이다. 흑2는 정수이며 백3으로 일단락. 흑2로 3은 백2로 다운.

2도 정해2

백△에 대해 흑1·3이면 흑백 쌍방의 집이 조금씩 늘어난다. 전도와의 선택은 경우에 따른다.

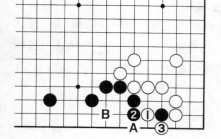

3도 실패

실전이라면 백1로 흑 한점을 잡는 데 급급하기 십상이다. 물론 실격.

사족이지만 이 다음 흑이 손을 빼고 백A일 때 흑B가 응수의 틀.

118

문제 16 (백차례)

이대로 놔두면 흑A
이하가 선수. 백은 그것
을 저지하고 싶다. 그것
도 효과적으로.

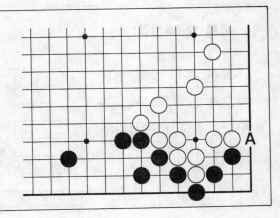

1도 정해

백1의 치중이 멋진 맥점. 흑2의 차단
에는 백3·5가 수순. 다음 흑은 백A의
꽃놀이패를 방비해 가일수가 필요하다.

2도 참고

백△에 대해 흑이 꼭 응수한다고는
볼 수 없다. 손을 빼면 백1~5가 선수.
다만 흑은 2를 또 손뺄지도 모른다.

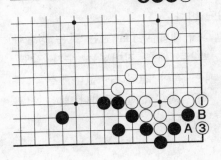

3도 실패

백1의 내려섬은 불충분. 흑이 손을
빼면 백은 3에 두게 되는데 전도와 비
교할 경우 손해(2집)임을 알 수 있다.
다음 흑A, 백B로 본다.

문제 17 (백차례)

흑진 속에 갇혀 있는 백◎와 ◻가 조화를 부린다. 첫수가 예상밖의 맥점일지도……

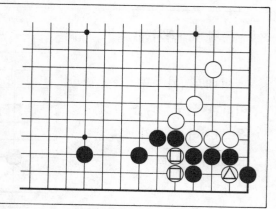

1도 정해

백1의 마늘모가 배우지 않고서는 두기 힘든 맥점. 흑2에는 백3에 잇고 5로 내려서는 수가 침착하다. 흑8로 따낸 다음—

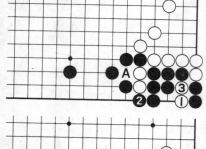

2도 정해의 계속

백1로 단수하는 수가 성립한다. 흑2(또는 A)에 백3으로 이득을 올려서 만족.

백은 완벽해 보이던 흑집을 크게 잠식했다.

3도 변화

백◎에 대해 흑1로 받는 것은 경솔한 수. 백2로 패를 집어넣는 수가 강렬. 이 패는 흑이 견딜 수 없다. 결국 흑 A, 백B, 흑C로 될 것이니 백은 전과가 혁혁하다.

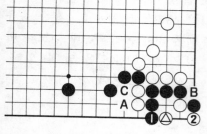

문제 18 (백차례)

실전이라면 무심코 지나칠 만한 형태다. 그러나 멋진 맥점이 있다. 흑의 자충에 착안해야…….

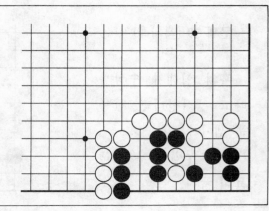

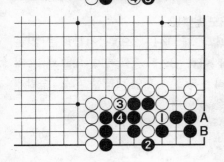

1도 정해

벡1의 끼움이 날카로운 맥점. 흑2는 최선의 응수.

백은 3으로 흑 석점을 잡아서 큰 수확을 거두었다.

2도 변화

백△ 때 흑1로 받는 것은 악수. 백 2·4를 불러 낭패를 면치 못한다(몰아떨구기).

3도 실패

1도는 백이 후수로 흑 10집, 백 6집. 본도는 백A, 흑B로 봐서 흑 8집(백선수)이니 4집의 차가 있다. 선택은 국면에 따르지만 여기서는 실패로 본다.

121

문제 19 (백차례)

혹의 형태가 수상하다고 생각한다면 반은 푼 셈이다.

백의 두번째 수가 교묘의 극치.

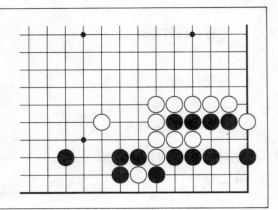

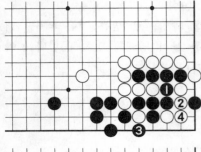

1도 정해

백1, 흑2 다음 백3의 붙임이 착안하기 어려운 맥점. 흑4에는 백5·7로 오른쪽 흑 넉점을 잡아 큰 수확이다.

2도 변화1

전도 흑6으로 본도 1이면 백2로 단수하고 4로 이어서 흑집이 백집으로 둔갑한다.

3도 변화2

백△ 때 흑1·3으로 저항하는 것은 백4 이하 8까지 큰 패가 되므로 흑의 무리. 흑은 정해인 1도를 따를 수밖에 없을 것이다.

문제 20 (백차례)

실전이라면 열이면 아홉 사람은 백A로 젖히고 말 것이다. 그러나 절묘한 끝내기의 맥점이 숨어 있다.

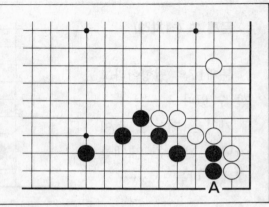

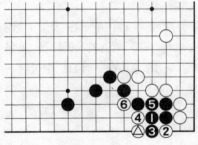

1도 정해

얼핏 무모해 보이는 백1의 침투가 교묘한 맥점. 흑2의 후퇴는 부득이하니 백3·5까지 멋지게 선수끝내기를 했다.

2도 변화

백△에 대해 흑1·3으로 차단을 고집하는 것은 무리.

백4·6의 수순이 준비되어 있어 흑은 몰아떨구기의 함정에 빠진다.

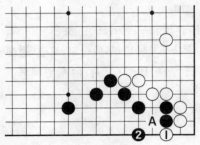

3도 실패

백1은 흑A면 그때 백2로 뛰려는 속셈이었을 것이다. 그러나 백2가 '적의 급소는 나의 급소'에 해당하는 좋은 응수여서 후속수단이 없다.

문제 21 (백차례)

문제17의 원형이라고
할 수 있다.

기억을 더듬을 것이
아니라 새로운 세계를
대하는 마음으로······.

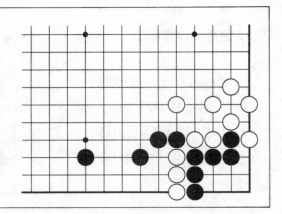

1도 정해

백1의 붙임이 이런 경우 급소. 흑2·
4의 후퇴는 도리가 없다. 백에게는 이
다음 A, 흑B, 백C의 후수 4집 끝내기
도 덤으로 남는다.

2도 변화

백△에 대해 흑1의 차단은 욕심. 백2
가 호수여서 흑은 백A의 패를 못 피한
다. 가령 흑3으로 A는 백4로 수상전은
백승.

3도 실패

처음에 백1로 뛰어드는 것은 침투력
부족. 흑2에서 4로 후퇴하고 보면 정해
와는 큰 차이(5집). 각자 확인해보기
바란다.

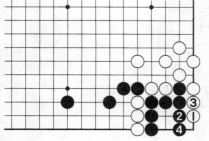

문제 22 (백차례)

유명한 형태다. 백은 상용의 끝내기 맥점이 있다. 실전에서 매우 유용하므로 꼭 자기것으로 하길.

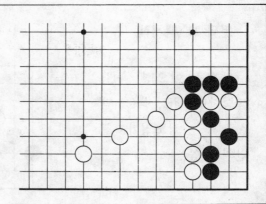

1도 정해

백1의 껴붙임이 상용의 맥점.

흑2에 백3으로 넘은 다음 백에게 A, 흑B, 백C, 흑D까지의 권리가 보장된다.

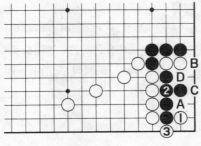

2도 변화

백△에 대해 흑1이면 백2가 선수. 흑5의 보강은 백A를 방비한 것.

본도는 후수이므로 흑은 전도의 응접이 옳다.

3도 실패

백1·3은 속수.

백7까지의 결과는 전도에서 흑5를 손빼었을 때 백이 본도 1에 몬 것과 동일하다.

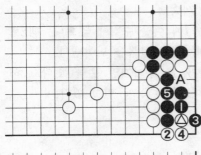

125

문제 23 (백차례)

백A로 이으면 흑B. 그렇다면 백B, 흑C, 백A로 두는 정도일까. 천만의 말씀!

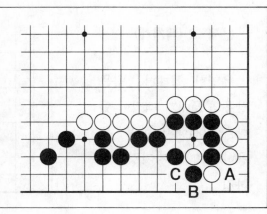

1도 정해

백1쪽에서 단수하는 것이 아슬아슬한 타이밍으로 좋은 맥점. 흑2에 백3으로 건너면 이 패는 흑이 도저히 도전할 수 없다. 이 다음—

2도 계속

흑은 1에 이을 수밖에 없으니, 백2로 단수해 흑3의 굴복을 받아낸다.

백A가 큰 수이지만 손을 뺀다고 해도 이미 선수이득을 얻고 있다.

3도 변화

백△에 대해 흑1로 빠지는 수는 무리. 백2의 단수에 흑은 응수가 없는 것이다. 다음 흑A든 B든 백C의 끊음이 성립한다.

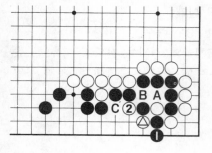

126

문제 24 (백차례)

귀의 흑은 완벽해 보이지만 실은 그렇지가 못하다. 자충을 추궁하는 맥점은?

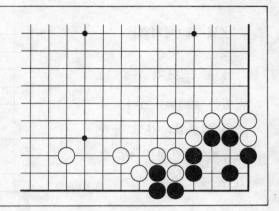

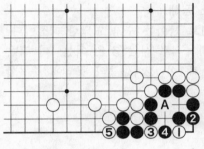

1도 정해

백1의 붙임이 절묘한 맥점이다. 흑2는 최강의 응수지만 백3의 먹여침에서 5가 좋은 수순.

다음 흑이 이으면 백A가 성립한다.

2도 변화1

백△에 대해 흑1로 잇는 것은 잘못. 백2로 먹여치고 나서 4에 집어넣는 수가 좋은 콤비네이션이어서 패가 된다. 흑1로 3도 백4로 역시 패.

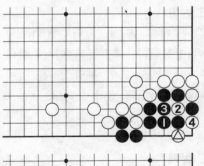

3도 변화2

백△에 대해 흑1로 잇는 수가 있는 것 같지만 그것은 착각. 백2에서 6이면 귀의 사활이 걸리는 패가 된다.

따라서 흑은 1도가 최선이다.

127

문제 25 (백차례)

좁은 공간이지만 재미있는 맥점이 있다. 급소가 떠오르더라도 잠깐 스톱해야 정해를 낼 수 있다.

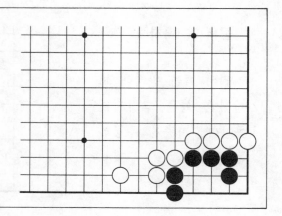

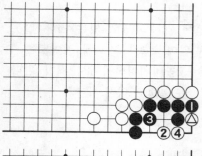

1도 정해

백1로 붙이는 수가 교묘한 맥점이다. 흑2에서 4로 사는 것은 최선이며 흑은 2집. 백1이 '2의 一'의 곳임에 주목할 것.

2도 변화

백△에 대해 흑1로 차단하면 백2의 맥점이 발동한다. 흑3에 백4면 이 형태는 패. 아무래도 흑이 부담스러울 것이다. 따라서 전도의 결과가 타당.

3도 실패

백1도 급소의 일종이지만 조금 성급. 흑2에서 6까지 되고 보면 흑집은 3집. 1도보다 흑집이 1집 늘어나 있음을 확인할 것.

문제 26 (백차례)

백A, 흑B를 선수하고 만족한다면 아쉬운 일이 아닐 수 없다. 직감적으로 떠올라야……

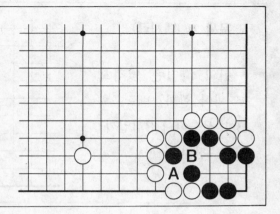

1도 정해

백1의 급소 일발이 흑의 폐부를 찌르는 듯한 공략. 흑2의 이음에 백3에서 5를 선수해서 백의 성공작.

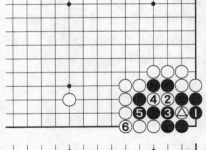

2도 참고

백△ 때 흑은 1로 받는 수가 있다. 백2의 양단수가 눈에 보이지만 흑3에서 백6까지 이것은 흑의 선수. 경우에 따라 유력한 응수다. 1도와의 차이는 약 3집.

3도 실패

백△에 대해 흑1로 응수하는 것은 미스. 백2가 호수여서 이하 6까지 귀의 흑이 횡사하고 만다.

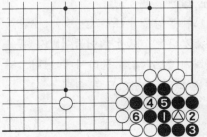

문제 27 (백차례)

귀의 흑집은 몇집으로 봐야 할까? 백A, 흑B가 선수이니 8집일까? 아니, 잠깐만……

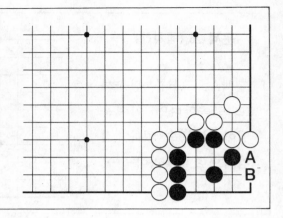

1도 정해

백1로 뛰어드는 수가 절묘한 끝내기의 맥점. 흑2의 차단에는 백3의 붙임이 양단수를 등에 업은 묘수 일발. 결국 백9까지 빅(흑집은 3집). ⑨…③

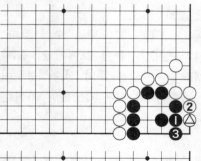

2도 변화

백△에 대해 흑1로 후퇴하면 백2가 선수. 흑은 3을 생략할 수 없다. 백은 선수이득을 취해서 만족한다.

3도 실패

백1의 붙임을 서두르는 것은 수순착오. 흑2 다음 백3에 뛰어들어봤자 흑은 차단하지 않고 4로 물러서게 된다. 이 결과는 백의 후수이므로 실패.

문제 28 (백차례)

백A, 흑B를 교환하는 것은 묘미가 없다. 흑집은 이대로 3집.

흑의 자충을 추궁하는 맥점은?

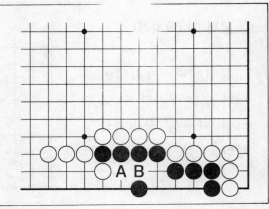

1도 정해

백1의 붙임이 강력한 급소 일발. 흑A면 백B, 흑C면 백D로 흑이 죽고 만다. 흑2의 끊음이 묘수. 다음 백E면 흑C로 살 수 있다.

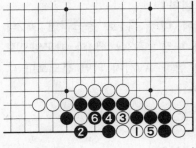

2도 계속

전도에 이어서 백1의 파호가 호수. 흑은 2의 한수. 결국 백은 3에서 5로 흑 넉점을 잡아서 대성공.

3도 실패

전도 백3으로 본도 1은 의문. 흑2로 살게 한 다음 백3으로 잡는 것이 후수이므로 정해와는 엄청난 차가 나는 것이다.

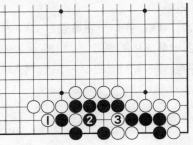

문제 29 (백차례)

실전에서 거침없이 이런 수를 구사할 수 있다면 당신은 끝내기의 명인급이다.

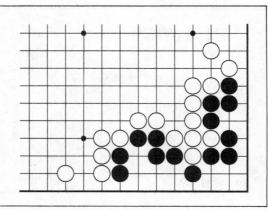

1도 정해

백1의 치중이 멋진 맥점. 흑2는 최선의 응수. 백은 3으로 건너서 흑4의 굴복을 받아내고 백7까지 후수지만 짭짤한 끝내기.

2도 변화1

백△에 대해 흑1로 웅크리면 백2의 끊음이 맥점. 흑3에 백4의 패모양으로 버티고 이하 흑7까지 되면 전도보다 백은 이득.

3도 변화2

백△에 대해 흑1의 내려섬은 강수지만 백2 이하 6으로 이것은 백의 꽃놀이패. 수순 중 흑3으로 4나 5면 백A가 성립.

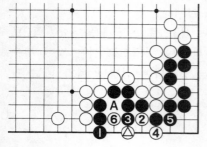

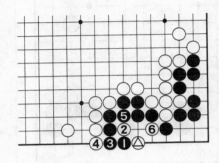

4도 변화3

백△에 대해 흑1로 마늘모붙이면 백2에서 4·6이 있어 흑의 낭패인 것. 백4로는 그냥 6에 끊어도 무방하다.

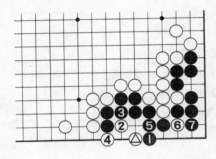

5도 변화4

백△ 때 흑1의 응수도 의문. 백2에서 4로 건너가면 흑5를 생략할 수 없다. 거기서 백6에 끊어서 선수를 뽑는 수가 주효해 이 결과는 백의 대성공.

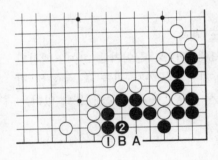

6도 실패

애초부터 백1에 젖히는 수가 상식적. 그러나 흑2의 꼬부림이 호수여서 후속 수단이 없다.

다음 백A에는 흑B로 1도와는 얘기가 전혀 다르다.

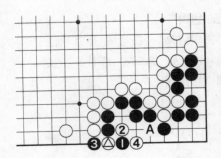

7도 변화5

백△ 때 흑1로 바로 받는 것은 사건. 백2가 통렬한 공략이어서 흑은 대책이 없다. 백4 다음 흑이 잇는 것은 백A로 궤멸이며, 패도 백의 꽃놀이패.

문제 30 (백차례)

문제10의 원형이다.
수순에 주의해서 공
략해야 한다. 맥수순이
계속 이어진다.

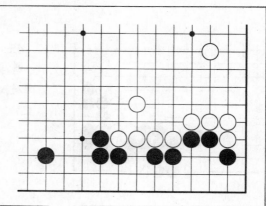

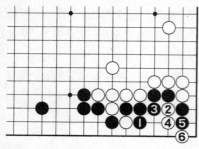

1도 정해

백1로 나간 다음 흑2에 백3쪽을 끊
는 것이 올바른 수순이다.
이 다음—

2도 계속

흑1에 백2로 끊어가는 것이 예정된
행동이다. 백6까지 귀쪽 흑 두점을 접
수해서 성공. 흑은 자충에 울고 있다.

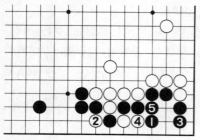

3도 변화

전도 흑1로 본도 1에 두면 백2로 한
점을 선수로 잡으며 흑진을 관통하는
것에 만족한다.

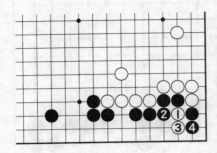

4도 실패1

먼저 백1쪽에서 공작하는 것은 수순
착오.

흑2에서 4로 받은 다음—

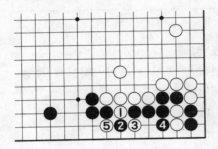

5도 계속

백1에서 3으로 끊어봐도 이제는 사정
이 다르다. 흑은 4로 후퇴해 선수를 뽑
게 되는 것이다. 3도와의 차를 눈여겨
보기 바란다.

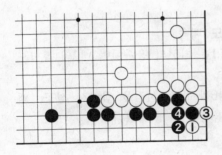

6도 실패2

백1의 껴붙임도 훌륭한 맥점이지만
이 경우는 미흡한 끝내기. 1도~2도의
수단이 없다면 이것이 정해.

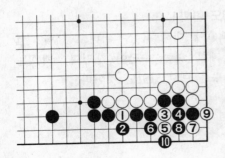

7도 실패3

백3쪽을 끊고 빠지는 것은 신통치 않
다. 흑10까지 선수끝내기를 했다고 좋
아할 것은 없다. 낙제점.

135

문제 31 (백차례)

혹의 형태가 몹시 수상하다. 공배가 다 메워져 있는 만큼 자충을 잘 추궁하면 큰 전과가 기대된다.

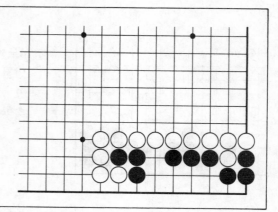

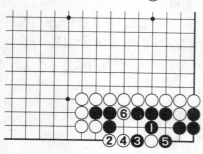

1도 정해

백1의 치중이 이른바 '석점의 중앙'에 해당하는 급소.

이 다음—

2도 계속

혹1은 최선의 응수이며 백2의 젖힘도 호수.

백6까지 혹 석점을 잡아서 성공. 백은 혹집을 크게 줄였다.

3도 변화1

백△에 대해 혹1로 버텨오면 백2·4로 패를 하는 수단이 생긴다. 백△는 이 수를 보고 있었던 것이다.

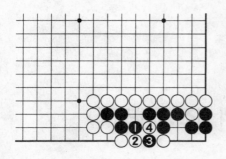

4도 변화2

2도 흑3을 본도 1에 받으면 백5로 건너서 패가 된다. 이것은 백의 꽃놀이 패이므로 흑이 견딜 수 없다. 흑1이 잘못이었다.

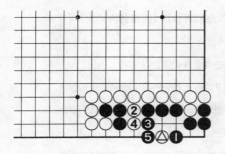

5도 변화3

백△에 대해 흑1로 받으면 백2가 호수.

백4까지 선수로 석점을 잡는다. 흑3으로 4에 막으면 백3에 끊겨서 흑 전멸.

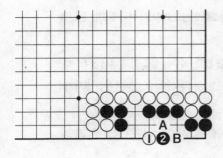

6도 실패1

백1의 치중에는 흑2가 좋은 수이다. 다음 백A에는 흑B로 아무런 꼬투리도 잡을 수가 없다.

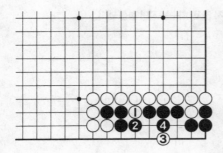

7도 실패2

백1은 속수. 흑2와 교환하는 순간 수가 없다.

그리고 나서 백3에 치중하는 것은 수순착오의 본보기. 흑4까지 흑의 피해는 제로.

137

상수와 하수의 대조 20개조(下)

11. 상수의 돌은 마치 배를 움직이는 것과 같고, 하수의 돌은 묶여진 배와
    같다.
12. 상수는 패를 이용하고, 하수는 패를 두려워 한다.
13. 상수는 적이 피곤해지는 것을 기다리고, 하수는 적이 실패하기를 바란다.
14. 상수는 흑을 들고 조용하지 않기를 바라고, 백을 들고는 어지러워지
    지 않기를 바란다.
15. 하수는 흑을 들고 잡지 않기를 바라고, 백을 잡고는 부수지 않기를 바란다.
16. 상수는 흑을 잡고 몇 집의 승리를 이상으로 하고, 백을 잡고는 한집의
    승리를 이상으로 한다.
17. 상수는 생각하고 난 후에 돌을 잡고, 하수는 돌을 잡고 나서 생각한다.
18. 상수는 던지는 시기를 선택하고, 하수는 최후의 숨통이 끊길 때까지
    기다린다.
19. 상수는 절대로 지고나서 억지를 부리지 않고, 하수는 지면 푸념을 늘
    어 놓는다.
20. 상수는 지고도 결코 화를 내지 않고, 하수는 지면 화를 낸다.

제4장 치중수

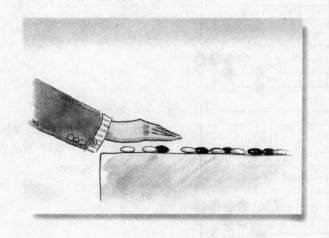

문제 1 (백차례)

실전에서 흔히 나오
는 형태.

귀의 흑에 대한 최선
의 공략은?

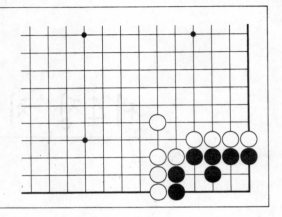

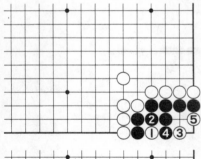

1도 정해

백1로 '2의 一'을 공략하는 것이 맥
점. 흑2, 백3으로 빅이다. 백A를 두지
않는 데 주목하기 바란다.

2도 실패

백1, 흑2를 교환하는 것은 손해.

전도에서는 흑집이 제로인데 비해 본
도는 1집이 생겼다.

3도 참고

1도 다음 흑1이면 그때 백2. 서로 4
집씩 생기므로 흑은 이득이 전혀 없다.
따라서 1도인 채 놔둬도 되는 것이다.

140

문제 2 (백차례)

8궁도나 되므로 살아 있는 것은 확실하다. 그러나 아직 완전한 집은 아니다. 귀의 흑집을 제로로 만들면 성공.

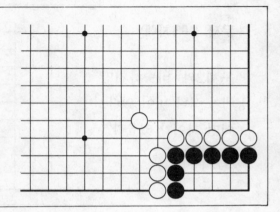

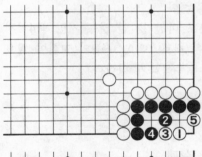

1도 정해

백1의 붙임이 맥점. 흑2·4는 최선의 응수로. 결국 흑6까지 백의 선수빅이니 귀의 흑집은 제로.

2도 실패1

백1의 치중은 잘못이다. 백5까지 이번에는 백의 후수빅. 선후수의 차가 큼은 말할 것도 없다.

3도 실패2

백1의 치중은 더욱 나쁘다. 흑2가 호수로 이하 6까지 이것은 무엇을 했는지 알 수 없는 결과. 귀의 흑은 무려 8집.

문제 3 (백차례)

문제2와 비슷하지만
공배가 하나 비어 있다.
어떤 차이가 있을까?

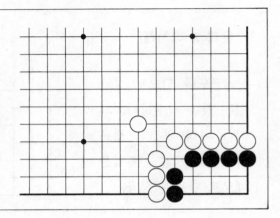

1도 정해

잠자코 바깥쪽에서 백1로 공배를 메우는 것이 착안하기 힘든 맥점. 흑2가 호수로, 백7까지 빅이 되며 귀의 흑은 1집을 얻고 있다.

2도 변화

흑1도 마찬가지일 것 같지만 백4까지 흑집은 제로. 백A, 흑B의 교환이 필요 없음에 주목하기 바란다.

3도 실패

백1의 치중이 그럴 듯해 보이지만 흑2가 호수이며 백3에 흑4가 또 좋은 수여서 귀는 몽땅 흑집(7집).

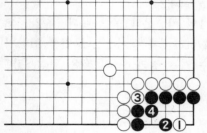

문제 4 (백차례)

혹을 잡는 수는 없지만 허술함을 추궁해 1집까지 집을 축소하는 수순이 있다.

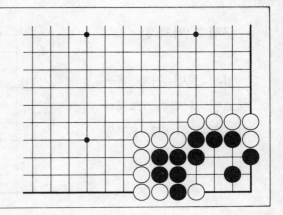

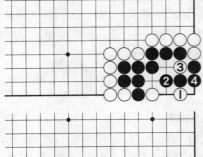

1도 정해

백1의 먹여침이 비범한 맥점. 흑2에 백3·5로 빅.

귀의 흑은 고작 1집을 얻었을 뿐이다.

2도 실패1

백1의 붙임은 수순착오. 흑2 다음 백3에 먹여쳐봤자 흑4면 아무 수도 없다. 귀의 흑은 무려 10집.

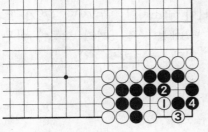

3도 실패2

백1은 흑2를 기대해 백3으로 젖혀서 빅이라는 수읽기지만 이것은 일방적인 그것. 흑2로 3이면 그만이다.

143

문제 5 (백차례)

얼핏 보면 귀의 흑은 견고한 것 같다. 그렇다면 귀는 이대로 8집일까?

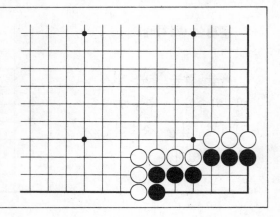

1도 정해1

백1의 치중이 '2의 一'의 급소 겸 '석점의 중앙'에 해당하는 맥점. 백3에서 5로 빅.

2도 정해2

백1에 붙이는 수도 성립한다. 흑2에 백3에서 5면 전도와 똑같은 결과. 흑2로 A면 백3에 붙여서 문제 발생. 각자 확인해보기 바란다.

3도 실패

백1이 급소처럼 보이지만 흑2가 호수. 백3에는 흑4·6까지 보듯이 아무 수도 없다. 귀는 무려 8집.

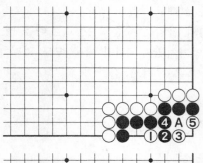

문제 6 (백차례)

귀의 흑은 9궁도나 된다. 그러나 귀가 갖고 있는 특유의 성질상 수가 있는 것이다.

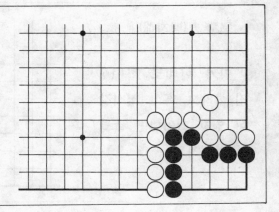

1도 정해

백1의 붙임이 날카로운 맥점. 흑2는 최선의 응수이며 백5 다음 흑은 백A의 패를 방어해야 겨우 빅.

2도 실패1

백△에 대해 흑1은 잘못. 백2·4로 공략당하고 보면 흑은 백A의 패를 피할 길이 없다. 사족이지만 흑A로 두면 오궁도화로 흑죽음.

3도 실패2

백△에 대해 흑1로 뛰는 수도 잘못. 백2에서 4면 흑은 5에 이어야 비로소 만년패의 형태를 만들 수 있다.

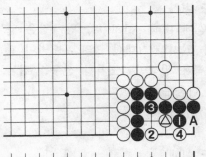

문제 7 (백차례)

귀가 이대로 집(12집)이라고 흑이 철석같이 믿고 있었다면 쇼크를 받을지도……

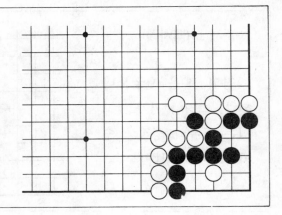

1도 정해

백1. 이곳이 '2의 ㅡ'의 급소로서 유일한 공략수단. 흑2는 올바른 응수로서 백5까지 백의 후수빅. 귀의 흑집은 제로이다.

2도 변화

백⊙에 대해 흑1로 막으면 1집은 얻을 수 있지만 그대신 흑의 후수빅이 된다. 흑은 정해인 1도처럼 선수를 잡는 편이 나음은 물론이다.

3도 실패

백1 따위로는 성공하지 못한다. 흑2가 '적의 급소는 나의 급소'에 해당하는 응수. 1도 백1 이외에는 모두 수가 안된다.

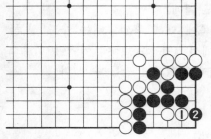

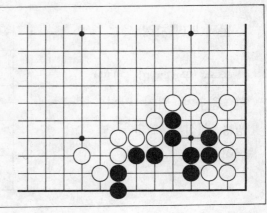

문제 8 (백차례)

바깥쪽에서 선수하는 정도라고 속단할지도 모른다. 그러나 맥점이……

1도 정해

백1이 치중이 날카로운 맥점. 흑2는 어쩔 수 없는 응수로, 백은 3·5를 선수할 수 있다.

흑6까지 흑은 고작 2집이며 백A. 흑B도 백의 권리.

2도 변화

백△에 대해 흑1로 마늘모붙이는 것은 잘못으로, 백2·4가 성립해 백6까지 흑 두점이 떨어져나간다.

3도 실패

평범하게 백1·3의 젖혀이음을 선수하는 정도로는 끝내기를 했다고 볼 수가 없다. 1도와의 차이는 엄청나다.

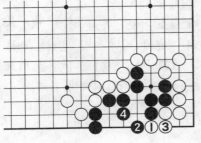

문제 9 (백차례)

좁은 곳이지만 정확
한 응수가 쉽지 않다.
쌍방 최선의 수순을 보
여야······.

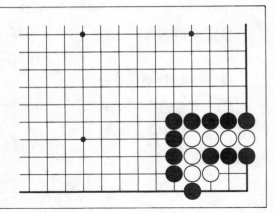

1도 정해

멋은 없지만 백1로 잠자코 단수하는
것이 최선이다. 다음 백A, 흑B가 백의
권리이므로 백집은 9집.

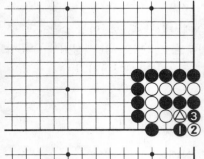

2도 참고

전도 다음 흑1에 붙이는 수가 있는
것 같지만 백2가 묘수. 흑3에는 백2로
되따내서 이상 무.

3도 실패

백1이 급소같지만 흑A, 백C면 백집은
8집이다(정해에 비해 1집 손해). 백1
로 A는 흑B, 백C, 흑1로 두눈을 강요
당해 5집에 불과하니 최악의 결과.

문제 10 (백차례)

혹의 형태가 이상하다고 느낀다면 대단한 직감의 소유자. 백△를 활용한다.

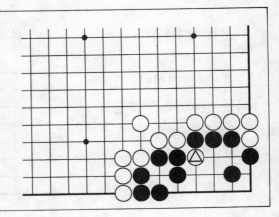

1도 정해

백1의 마늘모가 날카로운 맥점. 혹2의 단수에 백3이 또 호수. 혹4에서 백7까지 된 다음 혹A로 따내고 백이 △자리에 잇고 혹도 3에 잇는 것으로 본다.

2도 변화

백△에 대해 혹1로 잇는 것은 무리. 백2·4로 패가 되므로 이것은 혹이 망한 꼴.

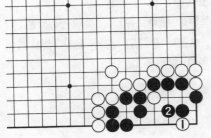

3도 실패

백1의 붙임은 엉뚱한 공략. 혹2가 침착한 응수여서 아무 수도 없다. 이 결과는 1도에 비해 혹집이 6집이나 많다.

문제 11 (백차례)

유명한 격언이 생각
나는 형태. 흑은 불완전
한 모습인 것이다. 급소
일발!

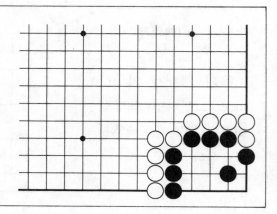

1도 정해1

백1의 붙임이 석점의 중앙에 해당하
는 맥점. 흑2의 이음에는 백3에 젖혀서
거의 빅. 흑은 패맛이 염려되므로 A에
보강하는 정도.

2도 정해2

백⊿에 대해 흑1이면 백2.
이것도 흑5까지 빅이 되므로 전도와
대동소이한 결과다.

3도 변화.

백⊿에 대해 흑1로 젖히는 것은 악
수. 백2로 끊으면 A와 B가 맞보기여
서 흑이 횡사하고 만다.

문제 12 (백차례)

백⚪를 활용하는 문
제. 수순의 중요성을 새
삼 일깨워준다.

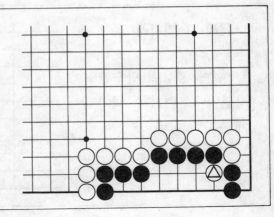

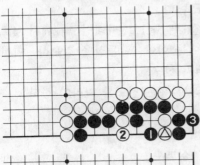

1도 정해

백1의 끊음이 교묘한 맥점이다. 흑2
를 기다려 백3. 흑4에 백5로 귀의 흑
두점을 접수해 백의 성공이다.

2도 변화

백⚪ 때 흑1로 두는 것은 자충을 초
래해 백2로 흑 넉점이 떨어져 나간다.
이 결과는 흑이 후수이므로 좋지 않다.

3도 실패

백1, 흑2를 선수하고 만다면 참으로
아까운 일. 이 다음 뒤늦게 A에 끊어
봤자 흑B로 몰려서 그만이다.

문제 13 (백차례)

백1에 흑2로 단수한 장면이다. 여기서 백에게 '수'가 있다.

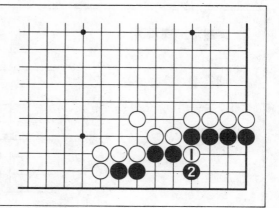

1도 정해

백1의 끊음이 교묘한 맥점. 흑2면 백3 이하 7까지 흑 넉점을 잡을 수 있다.

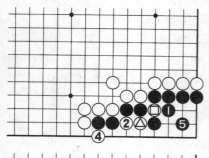

2도 변화

백△ 때 흑1로 따내면 백2에서 4로 이번에는 이쪽 흑 두점을 잡는다. 이것은 백이 선수.

따라서 흑은 전도를 따라야 한다.

❸…○

3도 실패

백1의 끊음은 방향착오. 백3은 다음 흑A면 백B로 두려는 속셈이지만 흑4가 냉정. 백5까지 두점은 잡았으나 1도에 비해 작은 소득.

문제 14 (백차례)

백1로 젖히자 흑은 2
로 받았다. 뭔가 수상한
형태인데……

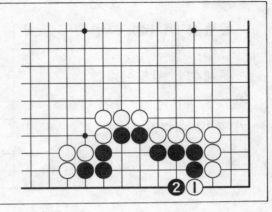

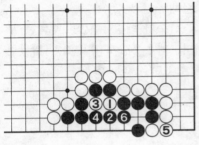

1도 정해

백1로 끊는 것이 무서운 맥점. 흑2·
4는 부득이한 후퇴로, 흑은 두점을
희생하고 6까지 후수를 감수할 수밖에
없다.

2도 변화

백△에 대해 흑1은 무리. 백2, 흑3
다음 백4가 교묘한 맥점. 흑은 A의 패
로 들어가지 않을 수 없는 나쁜 상황에
몰린다.

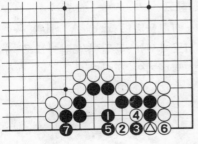

3도 참고

애초에 흑은 백△에 대해 1로 물러서
는 것이 정수.
흑7까지는 이렇게 될 곳이었다.

문제 15 (백차례)

문제4의 원형이다.
첫수가 맥점. 흑은 후퇴
가 불가피하다.

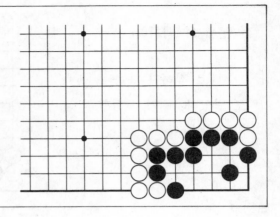

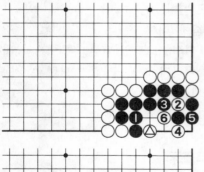

1도 정해

백1의 단수가 맥점. 흑2의 후퇴는 부
득이하다. 백은 5까지 후수지만 짭짤한
이득을 취했다. ⑤…●

2도 변화

백△에 대해 흑1로 잇는 것은 과욕.
백2에서 4가 멋진 공략(앞서 배운 바
있음)이어서 귀는 빅. 흑집은 1집에 불
과하다.

3도 참고

흑이 지킨다면(1 또는 A) 귀의 흑은
9집. 1도에서는 흑집이 5집이므로 후
수 4집 끝내기인 셈이다.

문제 16 (백차례)

백A, 흑B는 아무나 둘 수 있는 수다. 좀더 추궁하는 끝내기의 맥점을 찾아야……

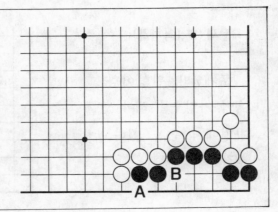

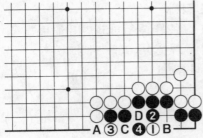

1도 정해

백1의 치중이 재미있는 맥점. 흑2는 최선의 응수. 여기서 백3으로 흑4의 굴복을 받아낸다.

다음 백A, 흑B, 백C, 흑D는 백의 권리이니 흑집은 5집.

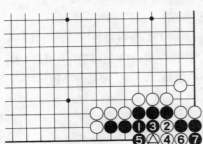

2도 변화

백△에 대해 흑1로 잇는 것은 무모. 백2의 끊음이 통렬하다. 흑3에는 백4에서 6으로 키워서 잡게 하는 것이 멋쟁이 수. 흑7 다음—

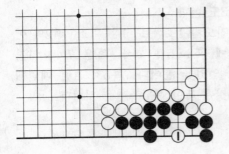

3도 계속

백1의 치중이면 흑은 전멸. 절묘한 사석의 묘였다.

따라서 1도 흑2는 부득이하다.

155

문제 17 (백차례)

문제7의 원형이다.
흑이 가일수를 해야 할
장면에서 손을 뺐다고
생각하고…….

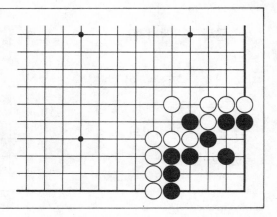

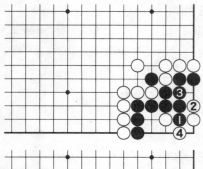

1도 정해

백1, 흑2를 문답하고 백3에 뛰는 것
이 이미 배운 바 있는 맥점.
이 다음―

2도 계속

흑1에 백2로 들어가는 수가 긴요. 흑
3을 기다려 백4에 건너면 이것은 빅.
이로써 귀의 흑집은 제로가 되었다.

3도 변화

전도 흑1로 본도 1은 미스. 백2의 이
음에 흑3·5가 고작. 흑은 7까지 1집
을 얻었을 뿐이다. 흑5로 A면 패인데
이것은 흑이 부담스러울 것이다.

문제 18 (백차례)

유명한 문제 가운데 하나. 이 흑집은 몇집으로 봐야 할까?

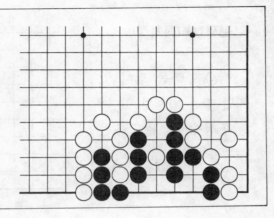

1도 정해

백1의 붙임이 흑을 자충으로 유도하는 맥점이다. 흑2에 백3에서 흑8까지, 이 흑은 고작 3집을 얻었을 뿐이다.

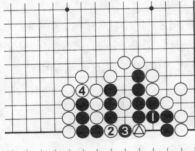

2도 변화

백△ 때 흑1로 이으면 백2의 먹여침이 멋진 수. 결국 백4에 왼쪽 흑 넉점이 떨어져나간다.

3도 실패

백1, 흑2를 먼저 교환하고 백3에 붙이는 것은 명백한 손해.

백7까지 된 결과와 전도를 비교해보기 바란다.

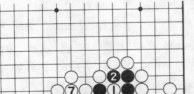

문제 19 (백차례)

백⬛ 두점은 잡혀 있지만 활용 가치가 있다.

후절수로 유도하는 수순을 찾는다.

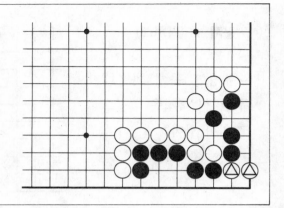

1도 정해

백1의 끊음에서 백3·5로 잇는 것이 흑이 의표를 찌르는 교묘한 수단.

이 다음—

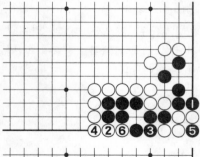

2도 계속1

흑1에 백2·4로 뒤쪽에서 공배를 메워가는 것이 좋은 수순. 흑5까지 수상전은 흑이 이기지만 백6에 단수하면—

3도 계속2

흑은 A의 후절수가 있으므로 B에 잇지 못하는 운명인 것.

1도는 이 후절수를 유도하기 위한 준비공작이었다.

문제 20 (백차례)

혹진 안에 있는 백△ 한점은 시한폭탄과도 같다. 자, 어떤 수가 있을까?

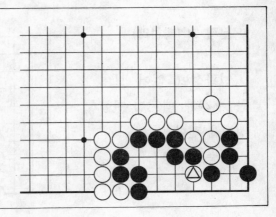

1도 정해

백1로 몰고 3에 붙이는 것이 절묘한 수순. 이로써 흑은 왼쪽 넉점을 희생하든가 패를 하든가 두가지 길밖에 없다. 이 다음—

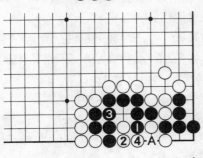

2도 계속

흑1에 백2. 여기서 흑3에 잇는 것은 백4로 전체의 사활이 걸리므로, 흑3으로는 A에 따내고 백3을 허용하는 것이 타당하다.

3도 변화

흑△ 때 백1로 받아도 역시 흑은 2·4로 후퇴하지 않을 수 없다. 흑2로 5에 이으면 백3으로, 전도와 같은 패가 된다.

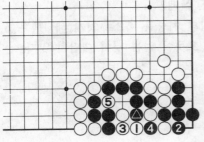

159

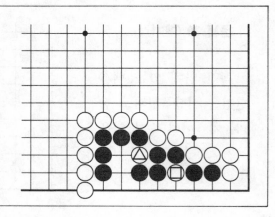

문제 21 (백차례)

연관성이 없어 보이는 백△와 백□가 연합 전선을 편다.
자충의 이용!

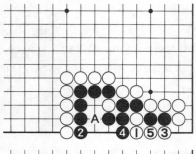

1도 정해

백1의 끼움이 맥점. 흑은 2로 받는 한수이므로 백3으로 두점을 잡는다.

흑2로 A는 백2로 왼쪽 흑이 떨어진다.

2도 실패1

백1쪽부터 가도 흑 두점은 잡을 수 있으나(흑2로 4면 백A로 흑죽음) 1도에 비해 흑집이 1집 많다.

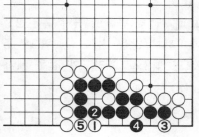

3도 실패2

백1의 치중은 흑2로 잇게 해, 백은 5까지 보듯이 얻는 것이 대단치 않다.

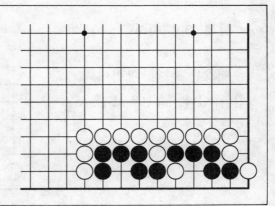

문제 21 (백차례)

혹의 자충을 추궁하는 끝내기의 맥점을 찾는 문제.

첫수가 맹점일지도….

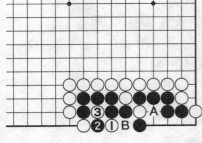

1도 정해1

백1의 젖힘이 맹점일지도 모른다. 혹은 2로 후퇴할 수밖에 없으니 백3, 혹4까지 혹집을 선수로 줄일 수 있다.

2도 정해2

전도 백3을 본도 1에 두는 의미도 있다. 혹2로 A면 백2. 혹B로 전도보다 1집 득이지만, 혹2로 두어오면 손해가 될 가능성도 있으니 그 선택은 경우에 따른다.

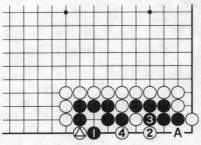

3도 변화

백△에 대해 혹1로 막는 수는 경솔. 백2의 마늘모에서 4의 젖힘이 강력한 수여서 패가 된다. 혹3으로 4는 백A의 환격이 성립.

문제 23 (백차례)

백△는 아직 활력이
남아 있다. 흑집을 1집
으로.

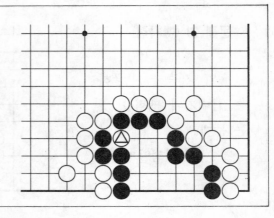

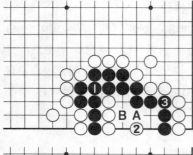

1도 정해

백1의 젖힘이 환격을 보며 흑의 자충
을 유도하는 맥점. 흑2를 강요하고 백3
에서 5로 단수한다. 계속해서—

2도 계속

흑1, 백2, 흑3으로 일단락되어 이것
으로 빅. 흑집은 고작 1집에 불과하다.
백A에는 흑B.

3도 참고

전도 흑3은 중요한 수. 만약 손을
뺐다가는 본도 백1·3의 원투스트레이
트를 맞고 침몰당하고 만다.

162

문제 24 (백차례)

흑진은 완벽해 보인다. 그러나 수단이 있다. 첫수만 발견하면 길이 열린다.

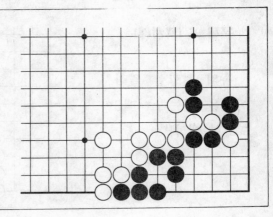

1도 정해

백1의 치중이 송곳 같은 급소 일격.

이에 대해 흑은 2·4로 피해를 최소화하는 정도다.

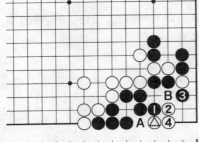

2도 변화

백△에 대해 흑1이면 백2가 호수. 흑3이 절대일 때 백4가 흑의 자충을 추궁하는 피니시블로. 다음 A·B가 맞보기이므로 흑은 대책이 없다.

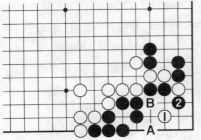

3도 실패

백1과 같은 수가 급소가 되는 경우가 많지만 여기서는 엉뚱한 수. 즉, 흑2로 받아서 아무 수도 없다. 다음 백A에는 흑B로 그만이다.

문제 25 (백차례)

흑의 결함을 찔러서 이득을 얻는다. 백3이 교묘한 맥점!

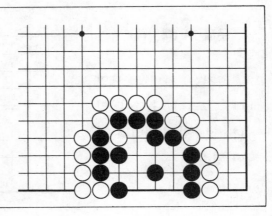

1도 정해

백1. 흑2 다음 백3으로 제1선에서 단수하는 것이 호수. 흑은 4·6으로 후퇴할 수밖에 없다. 백은 선수이득으로 만족할 수도 있고. 별 끝내기가 없다면 이어도 좋다.

2도 변화

백⊖에 대해 흑1로 잇는다면 백은 2를 선수하고—

3도 계속

본도 백1에 붙이는 것이 절묘한 맥점. 결국 백3까지 백의 후수빅.

흑2로 3이면 백2로 흑 석점을 선수로 잡을 수 있다.

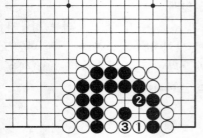

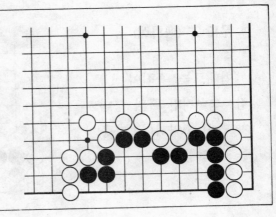

문제 26 (백차례)

어렇게 두어야 가장 큰 이득을 올릴수 있을까?

1도 정해

백1의 치중이 급소이며 흑2의 이음에 백3의 마늘모가 호수. 흑4에 백5를 선수하고 백7에 붙이면 흑은 자충에 운다. 결국 빅.

2도 변화1

백△에 대해 흑1도 생각되는 수. 그러면 백2가 좋은 수다. 흑은 7까지 살면서 몇집을 얻었지만 백도 A의 이득을 남기고 선수를 얻어 만족스런 결과.

3도 변화2

백1에 두는 것은 흑2의 저항을 유발한다. 백3 이하가 필연이므로 흑집이 약간 생겼다. ⑪…❷

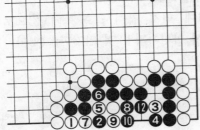

165

문제 27 (백차례)

이대로는 흑집이 13집. 그렇지만 흑의 형태가 몹시 고약하다. 자충을 유도해서……

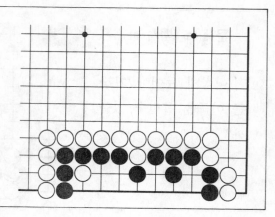

1도 정해

자충을 유도하려면 우선 사전공작이 필요하다.

백1로 끊는 수가 출발점.

2도 계속

흑1의 단수는 당연하며 그때 백2로 달아난다.

흑3 때 백4의 붙임이 급소 일격. 다음 A와 B가 맞보기가 되어 보기좋게 수가 났다.

3도 실패1

백1에 먼저 붙여도 흑2에 백3으로 끊어서 마찬가지일 것 같지만 그렇지가 않다.

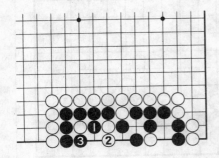

4도 계속

흑1로 단수하고 백2에 흑3으로 잠자코 따내는 수가 침착·냉정해 백의 실패로 끝난다.

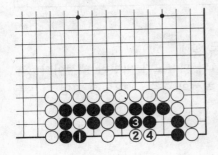

5도 변화1

2도의 흑3으로 본도 1에 따내면 어떨까. 그러나 백2가 좋은 수여서 흑의 기도는 수포로 돌아간다. 백4까지 흑 전멸.

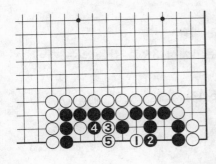

6도 변화2

백1의 치중도 언뜻 유력해 보인다. 즉. 흑2에 백3으로 끊고 5면 수가 난다. 그러나―

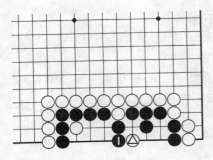

7도 실패2

애초 백△에 대해서는 흑1쪽에서 받는 것이 호수. 이로써 백은 후속수단이 두절된다.

문제 28 (백차례)

백△ 한점을 잘 활용해 흑을 핍박한다. 첫수가 예리한 맥점이다.

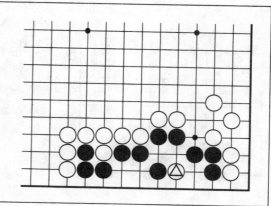

1도 정해

백1의 마늘모가 비범한 맥점이다. 흑2는 최선의 응수. 백3으로 건넌 다음—

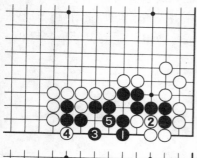

2도 계속

흑은 1에서 3으로 삶을 얻는 것이 고작이다.

흑5까지 겨우 두눈의 삶(2집).

3도 변화1

백△에 대해 흑1로 차단하면 어떻게 되느냐.

그러면 백2로 끊어 응수를 살피는 것이 교묘한 수.

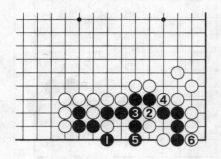

4도 계속

전도에 이어 흑1로 잡으면 백2가 성립한다.

백6까지 오른쪽 흑 넉점을 잡아 충분한 성과.

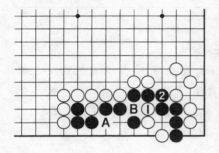

5도 변화2

그냥 백1이면 흑은 2로 잇게 된다. 이번에는 백A로 끊어봤자 흑B로 외면할 것이다. 2도에서 백A로 먼저 끊은 효과를 알 수 있다.

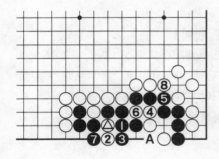

6도 변화3

백△ 때 흑1쪽으로 단수하면 백2, 흑3을 교환하고 백4에서 8로 흑을 곤경에 몰아넣는다.

흑은 A로 패를 걸어가지 않을 수 없다.

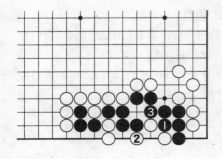

7도 변화4

전도 흑3으로는 본도 1에 몰아서 삶을 꾀하는 정도다. 백2, 흑3으로 되어 백은 왼쪽 흑 석점을 선수로 잡았다.

문제 29 (백차례)

실전이라면 무슨 수가 있나 하는 생각도 못할 정도일 것이다.

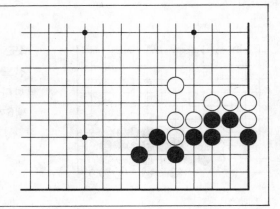

1도 정해

백1로 단수해 흑을 자충으로 유도하는 맥만 발견하면 이 문제는 푼 셈이다. 흑2·4는 정확한 대응. 백4까지 쌍방 최선의 길.

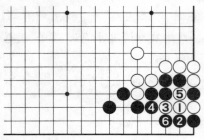

2도 변화1

전도 백3으로 본도 1은 흑4·6으로 응수당해 다음 6으로 나가는 수가 성립하지 않기 때문에 후수를 끌게 되는 만큼 득책이 아니다.

3도 변화2

백△에 대해 흑1·3으로 대응하는 것은 백4의 끊음을 부른다.

흑3으로 A는 백3. 흑1은 속수로 1도의 2가 좋다.

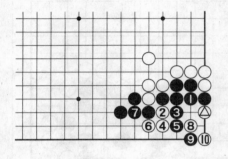

4도 변화3

백⊘에 대해 흑1로 이으면 백2의 끊음이 성립한다. 흑3 이하 7까지는 필연적인 코스. 이 다음 백8이 호수여서 결국 백10까지 패가 발생.

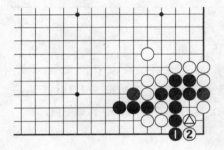

5도 변화4

백⊘에 대해 흑로 내려서는 것은 잘못. 백2로 두어서 수상전은 백의 승리이다.

사족이지만 백⊘ 대신 1에 젖히는 것은 흑이 ⊘에 꼬부려 유가무가.

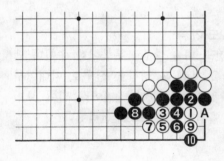

6도 실패1

백1을 결정하고 3에 끊는 것은 흑4 이하 8까지 되어 수가 안된다. 백9에 흑10이면 수상전은 어림도 없다. 백1 과 A의 차가 이런 결과를 낳았다.

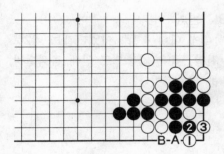

7도 실패2

전도 백9로 본도 1에 뛰는 수가 그럴 듯하다. 백3까지는 패의 모습(흑2로 A는 백2로 그만). 그러나 실은 흑2로 B에 두는 수가 있어 백의 실패.

문제 30 (백차례)

이대로 다 흑집이 된
다면 9집이나 되는
데……

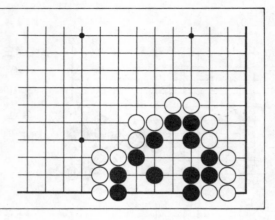

1도 정해

백1의 치중과 3의 붙임은 모두 급소.
백1로 3을 먼저 두어도 수(그러면 흑은
1)가 되지만 이 코스보다 뒤진다.

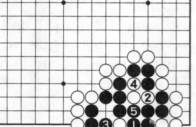

2도 계속

전도 다음 흑1은 부득이한 수이니 백
은 2·4로 흑 석점을 선수로 따내어서
큰 전과를 올렸다. 9집이나 되어 보이
던 흑집이 —3집으로 전락했다.

3도 변화

백⊙에 대해 흑1로 이었다가는 백2로
흑 전멸. 흑은 자충으로 인해 꼼짝달싹
도 못하는 것이다.

제 5장 끝내기 기초계산법

끝내기 기초 계산법

문제1

A의 곳은 흑(백)이 두었을 때 몇집의 크기일까?

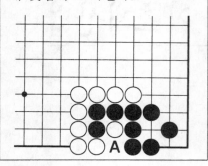

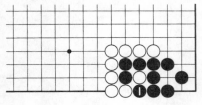

1도(흑이 둘 경우)

흑1로 두면 백 한점을 따낸 이득을 얻어 흑집만 2집 증가한다. 따라서 크기는 2집.

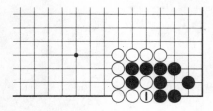

2도(백이 둘 경우)

백1로 두면 백집의 증가는 없으나 흑집이 2집 생길 여지를 없앴으므로 역시 2집의 크기.

문제2

A의 곳은 몇집일까?

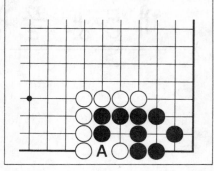

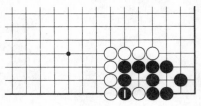

1도(흑이 둘 경우)

흑1로 두면 백 한점(2집)과 공배 한곳(1집)이 생기므로 3집의 크기.

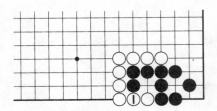

2도(백이 둘 경우)

백1로 두면 백집의 증가는 없지만 흑집이 3집 생길 여지를 없앴으므로 3집의 크기.

174

문제3

흑A의 곳(백이 둘 경우는 B)의 크기는 몇집일까?

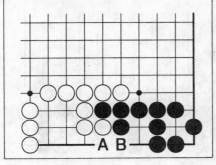

문제4

흑A(백B)의 곳은 몇집짜리 수일까?

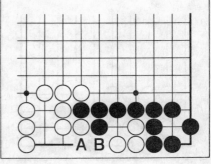

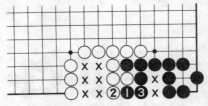

1도(흑이 둘 경우)

흑1·3의 젖혀이음. 백은 6집 (×의 곳), 흑은 2집.

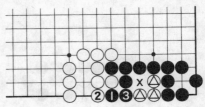

1도(흑이 둘 경우)

흑1에서 3. 이로써 흑집은 백 ▲ 석점(6집)과 ×의 곳(1집)을 합쳐 7집. 백집은 3집.

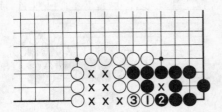

2도(백이 둘 경우)

백집은 7집, 흑집은 1집.

전도 흑1·3과 본도 백1· 3의 크기는 2집(후수).

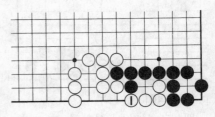

2도(백이 둘 경우)

백이 둔다면 1의 한수. 흑집 의 증감은 7집, 백집은 1집이므 로 흑A(백B)는 8집.

문제5

A의 곳은 몇집의 크기일까?

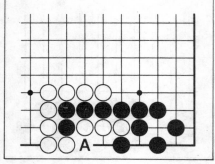

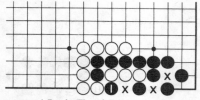

1도(흑이 둘 경우)

흑1에 두면 백 석점과 ×(3집)을 더해 9집.

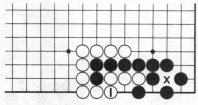

2도(백이 둘 경우)

백1로 석점을 살리면 백집의 증감은 없고, 흑집은 1집뿐. 따라서 8(집).

문제6

A의 곳은 몇집의 크기일까?

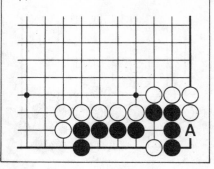

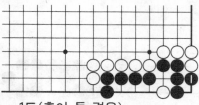

1도(흑이 둘 경우)

흑1이면 흑집은 7집.

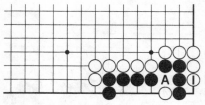

2도(백이 둘 경우)

백이 둔다면 1. 나중에 흑A의 가일수가 필요하므로 흑집은 5집. 결국 A의 곳은 2집의 크기.

문제7

흑A(백B)의 곳은 몇집의 크기일까?

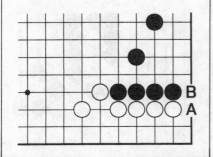

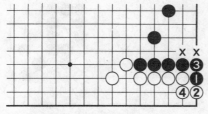

1도(흑이 둘 경우)

흑이 두면 1에서 3으로 젖혀 잇는 것이 선수.

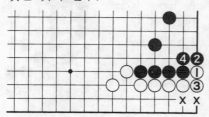

2도(백이 둘 경우)

백이 두어도 1에서 3이 선수. 전도와 비교하면 백집은 ×(2집)가 증감분, 흑집도 ×(2집)가 증감분. 흑A는 4(집).

문제8

흑A(백B)의 크기는 몇집이나 될까?

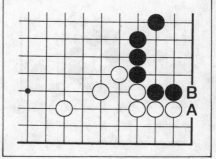

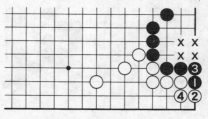

1도(흑이 둘 경우)

흑1·3의 젖혀이음이 선수.

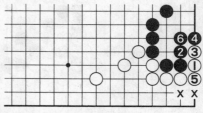

2도(백이 둘 경우)

백이 둔다면 1에서 5의 이음이 선수. 증감분의 합계는 4(1도의) +2(2도의) =6(집). 흑A(백B)의 크기는 양선수 6집.

문제9

흑A(백A)의 크기는 몇집 이나 될까?

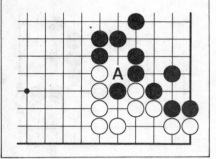

문제10

A의 크기는? 조금 까다로 워졌다.

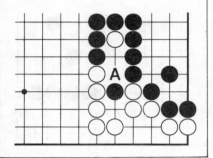

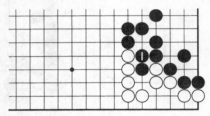

1도(흑이 둘 경우)

흑1이면 흑집이 1집 생긴다.

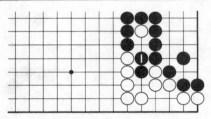

1도(흑이 둘 경우)

흑1이면 흑집이 3집 생긴다.

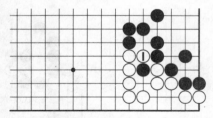

2도(백이 둘 경우)

백1로 두면 백집이 3집 생기면서 흑집은 제로. 백집의 증감은 3집, 흑집의 증감은 1집. 따라서 3+1=4(집)이 A의 크기가 된다.

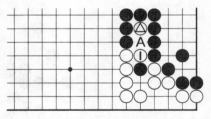

2도(백이 둘 경우)

백1이면 백집이 3집 생긴다. 흑이 A에 두면 2집. 흑은 원래 이곳에 1집(2÷2=1)의 권리를 갖고 있었던 셈. 따라서 3+3-1 =5(집)이 A의 크기다.

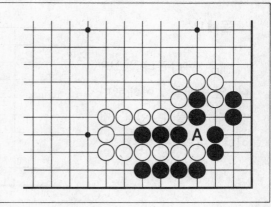

문제11

앞문제와 비슷하지만 좀더 까다롭다. A의 크기를 묻는다.

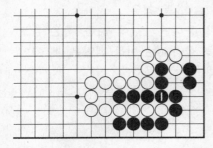

1도(백이 둘 경우)

백1로 석점을 잡았으니 7집이라고 생각한다면 앞문제를 이해하지 못했다고 볼 수밖에 없다. 물론 7집은 아니다.

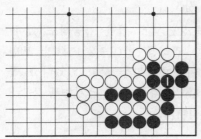

2도(흑이 둘 경우)

흑이 둔다면 1. 여기서 주의깊게 살펴야 할 점은 흑1에 둠으로써 흑 석점을 구출했을 뿐 아니라 전도 백의 권리를 없앴다는 것. 이것이 이 계산의 키포인트다.

3도(다음의 권리)

1도 다음 본도 흑1(또는백1)로 두는 수는 후수이며 쌍방의 권리가 동등하다. 따라서 4÷2=2(집)의 권리가 흑에게 있다. 따라서 문제11 A의 크기는 7+2=9(집)인 것이다.

문제 12

매우 까다롭다. 그러나 앞문제를 이해했다면 쉽게 풀수 있을 것이다. A의 크기는?

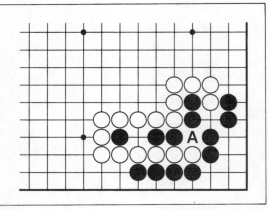

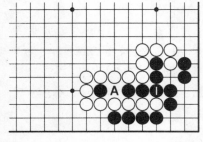

1도(백이 둘 경우)

백1로 두면 우선 왼쪽에 7집이 확정된다. 문제는 A의 곳인데……

백은 다음의 권리(4÷2=2집)를 얻는다. 그러면 백1은 7+2=9집일까?

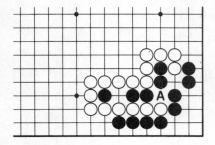

2도(흑이 둘 경우)

흑이 둔다면 1. 이 다음 흑은 A로 한점을 살려오는 이득(백집은 제로)이 남는다.

3도(계산)

백이 2도 A로 잡을 가능성도 있다. 서로의 권리를 반(2÷2=1집)만 보면 백은 이곳에 1집을 갖고 있었다고 볼 수 있다. 따라서 A의 크기는 7+2-1=8집인 것이다.

문제 13 (흑차례)

쌍방의 집의 경계선이 분명치 않다. 어떻게 끝내기해야 할까?

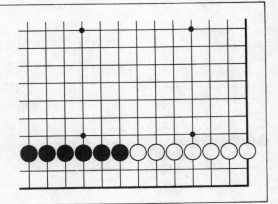

1도(흑이 둘 경우)

흑1·3으로 젖혀 잇는다. 그런데 이 다음 1선의 경계선이 분명치 않다.

자. 어떻게 할까?

이 다음 백이 두면,

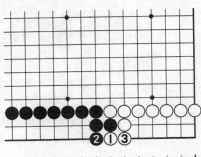

2도(다음의 끝내기)

1·3으로 젖혀 잇게 된다. 흑이 둔다면 마찬가지로,

3도 1·3으로 젖혀 잇는다.

양쪽 모두 형태가 결정돼 경계선이 확실하다. 그러나 어느쪽 그림을 채용해야 할지 알 수가 없다. 여기서 '평균 계산'의 필요성이 등장한다. 이쯤 되면 현명한 독자는 눈치를 챘을 것이다.

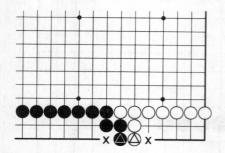

2도나 3도나 모두 후수이다. 요컨대 이곳은 쌍방의 권리가 동등하다. 권리가 같다면 어느 쪽이 젖혀이었다고 가정할 것이 아니라 5도처럼 ●, ⊘로 서로 내려섰다고 보는 것이 합리적이다. 공평하게 쌍방이 젖혀이었을 때에 1집씩(×) 손해를 보면 된다.

5도(백이 둘 경우)

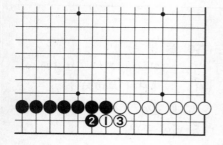

4도는 하나의 가정. 현실적으로는 3도와 4도처럼 된다. 가정한다는 것이 이상할지 모르지만 계산상 편의를 도모하자는 뜻이다.

백1·3 다음,

6도(백의 상정도)

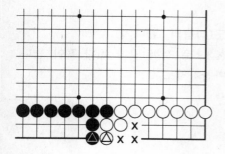

●, ⊘로 서로 내려서는 것으로 본다.

자, 이렇게 해서 흑의 상정도와 백의 상정도가 완성됐다.

7도(흑의 상정도)

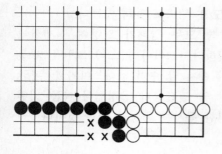

흑이 둔 경우의 상정도. 두 그림의 차를 따지면 된다. 흑집은 ×3집의 차. 두 그림의 차의 합계가 6집이므로 결국 이 형태에서 2선의 젖혀이음은 6집의 수라는 결론이다.

문제 14 (흑차례)

흑A로 △ 한점을 잘라 먹는 끝내기가 몇집의 크기냐가 문제이다.

2선의 끊어잡음은 2선의 젖혀이음과 대동소이하다.

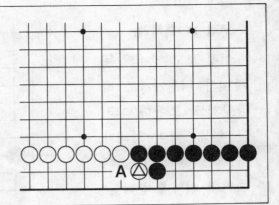

1도(흑이 들 경우)

흑1에 대해서 백은 일단 2로 받게 된다. 흑3에 따내어 일단락인데 다음 (당장은 아니지만) 백A, 흑B로 되는 것으로 본다.

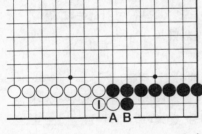

2도(백이 둘 차례)

백이 둘 차례라면 1로 잇는다. 그런데 이 형태를 가만히 살펴보면 백이 2선을 젖혀이은 그것과 똑같음을 알 수 있다. 이 다음 백A, 흑B로 서로 내려서는 것으로 보면,

3도와 같이 경계선이 결정된다.

1도와 3도를 비교한다.

흑집은 3집의 차, 백집도 3집의 차이므로 3+3=6(집)이 A의 크기가 된다. 문제14는 2선 끊어잡음의 대표적인 형으로서 이 결과에서 알 수 있듯이 최소한 6집의 가치가 있다.

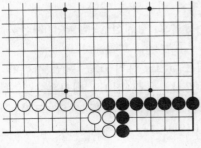

문제 15 (흑차례)

얼핏 보고 앞서의 **문제14**와 마찬가지로 생각할지도 모른다. 그러나 왼쪽 백의 형태가 다르다. 이것이 A의 크기에 변화를 준다.

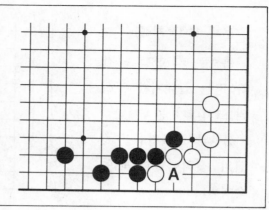

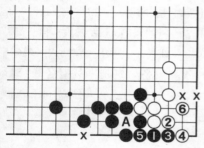

1도(흑이 둘 경우)

흑1·3으로 끊어잡으면 다음 귀에 젖히는 끝내기가 따라온다.

2도 (다음의 권리)

흑1~5의 선수가 보장된다.

단. 백에게 팻감이 많다면 2로 3에 막아 버틸 여지가 있으며, 또 백6을 손뺄 수도 있으나 여기서는 그런 경우를 무시한다.

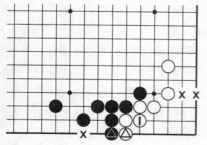

3도(백이 둘 경우)

백이 둘 차례라면 1에 잇는 것이 보통. 다음 ▲.△로 내려서는 것으로 보고 전도와 비교하면 된다.

편의상×로 경계선을 만들어 계산하면,

흑집은 5(2도 A의 곳은 따낸 자리이므로 2집)-2=3(집), 백집은 12-5=7(집) 따라서 **문제15** A의 크기는 3+7=10(집)이다.

문제 16 (흑차례)

이번에 두점을 끊어 잡는 수(A)의 크기를 계산해 본다. 이 형의 경우는 **문제14**의 계산을 참고하면 비교적 간단하다.

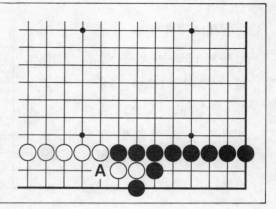

1도(흑이 둘 차례)

흑1·3의 끊어잡음.

이 다음 백A, 흑B의 교환은 백의 권리로 보고, 경계선을 확정짓는다.

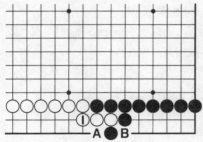

2도(백이 둘 차례)

백이 둔다면 1로 잇게 된다. 다음 백A, 흑B로 된다고 보는 것이 상식이다.

3도는 2도를 옮긴 것. 계산해 본다.

편의상 ×로 경계선을 긋고 1도와 3도를 비교하면 흑집은 7⟨(2×2=4)+3⟩-2=5(집)의 차.

흑과 백의 총 집차는 5+3=8(집)이다. 따라서 문제16 A의 크기는 8집임을 알 수 있다.

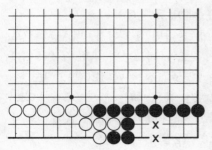

끝내기 기초 계산법

문제 17 (흑차례)

문제16과는 왼쪽 백의 사정이 다르다. 패를 함축하고 있으므로 팻감이 많고 적음에 따라 끝내기의 크기가 변화한다.

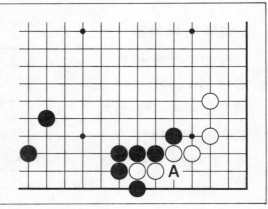

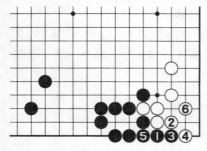

1도(흑이 둘 경우)

흑1·3으로 두점을 끊어 잡는 것은 문제16과 마찬가지이지만 다음의 권리가 있는 점이 다르다.

2도(다음의 권리)

다음의 권리란 흑1~5가 선수로 보장된다는 것.

흑1 때 백은 팻감이 많은 경우 3에 곧장 막을 수도 있다.

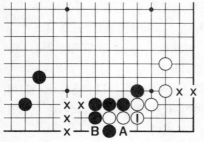

3도(백이 둘 경우)

백이 둔다면 1, 다음 백A, 흑B로 본다. 2도와 비교하면 흑은 7-2=5(집), 백은 12-5=7(집)이니 12(집). 3도와 비교하면 흑은 5집, 백도 5집이므로 10집. 따라서 문제17 A의 크기는 10~12집이라는 결론.

186

문제 18 (흑차례)

이 형태에서 백이 둘 차례라면 어떻게 끝내기하는 수가 최선일까? 답은 A~D중에 있다. 또 그 수는 몇집의 가치를 가진 수일까?

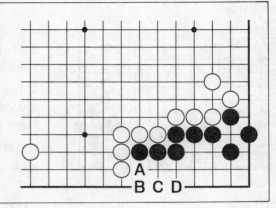

1도(실수1)

백1의 마늘모는 유력한 수법.

그러나 흑2·4 다음 흑A,백B가 흑의 권리로 남는다.

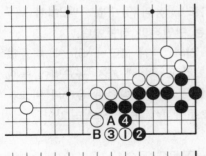

2도(실수2)

백1의 날일자달림도 유력한 수법이지만 흑2·4로 되고 보면 1도와 마찬가지 결과임을 알 수 있다. 다음 흑A,백B로 되는 것으로 본다.

3도(백의 최선)

정답은 백1의 눈목자달림이다. 이 수에 대해서는 흑의 응수도 쉽지 않다. 상황에 따라 여러가지 응수법이 있는데 이 경우 A~E중 최선은?

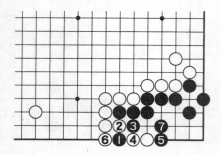

4도(잘못된 응수1)

흑1은 눈목자달림에 대한 보편적인 응수.

백2에 흑3~7이 요령. 아마 상당한 기력의 소유자도 이렇게 처리하고는 당연하다고 생각할 것이다. 그만큼 흑의 응수가 까다롭다.

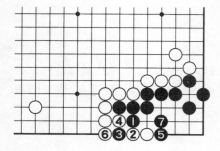

5도(잘못된 응수2)

흑1 역시 흔히 쓰이는 응수법. 그러나 백2에서 흑7까지 되고 보면 4도와 다른 점이 없다. 이것도 잘못된 응수다.

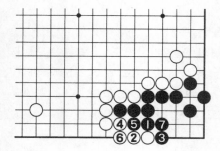

6도(잘못된 응수3)

흑1도 상용의 응수법. 백2에서 흑7까지는 필연적인 진행이다.

이 결과 역시 4도나 5도와 다름없다. 요컨대 이 세 가지 응수법에 득실은 없다. 그러나 최선의 응수와 비교하면 모두 1점씩 손해를 보고 있다.

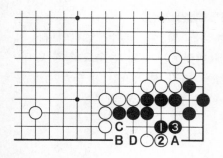

7도(잘못된 응수4)

흑1은 최악의 응수법. 이렇게 후퇴하면 3 다음 흑A, 백B, 흑C, 백D로 봐서 4도, 5도, 6도에 비해서도 1집 손해.

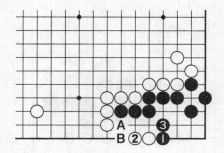

8도(흑, 최선의응수)

흑1·3이 최선이다. 다음 흑A, 백B
로 보면 4도~6도보다는 1집 이득, 7
도에 비해서는 2집 이득임을 알 수 있
다.

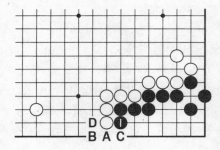

9도(흑이 둘 차례)

3도 백1의 크기를 조사하려면 거슬
러올라가 흑이 둘 차례라면 어떻게 되
느냐를 따져야 한다.

흑이 둔다면 1에 막는 한수. 다음 흑
A~백D가 흑의 권리.

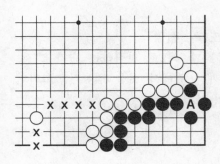

10도(옮긴 그림)

전도의 결과를 옮기고 편의상 ×로
경계선을 표시했다. A의 곳은 따낸 자
리.

11도(8도에서)

8도를 옮긴 그림을 비교하면 백의
눈목자달림이 몇집짜리 끝내기였나를
쉽게 알 수 있다. 편의상 백집에 ×로
경계선을 표시했다. 또 A의 곳은 따낸
자리.

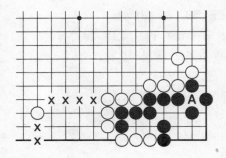

흑집은 17-11=6(집)차, 백집은 9-
7=2(집)차.

따라서 6+2=8(집). 백의 눈목자달림
은 8집짜리 선수 끝내기였다. 9도의
흑1은 역끝내기 8집.

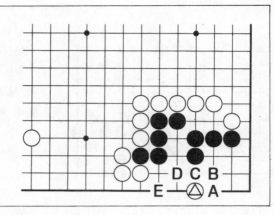

문제 19 (흑차례)

백△로 달려온 장면. 이에 대한 응수법을 살펴본다. A~E중 흑의 최선은?

답은 두 군데다.

1도(일방적인 수읽기)

앞에서 배운 대로 흑1·3으로 두면 되지 않으냐고 생각할 사람이 적지 않을 것이다. 그러나 최선은 커녕 최악의 응수인 것이다. 백2로는 강경한 수단이 있다.

2도(흑, 전멸)

흑1 때 백2로 반격하는 수가 그것. 백6까지 귀에서 삶을 얻는다. 그러면 흑이 전멸.

3도(패)

전도 흑5로 1은 백2로 끊겨서 패. 이 결과도 좋지 않다.

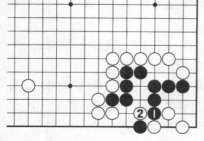

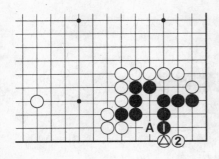

4도(흑, 큰 손해)

흑2 역시 좋은 수라고 할 수 없다. 백2로 삐어져나오면 큰 손해. 애초 백은 ⊘로 달리는 것보다 A에 뛰는 편이 더 좋은 수. 그것은 눈목자달림에 대해 흑에게 안성맞춤의 응수가 있는 반면 백A면 흑으로서 응수가 어렵기 때문. 이 점이 이 문제를 푸는 힌트가 된다.

5도(2집 손해)

흑1로 후퇴하면 무사하긴 하다. 그러나 최선의 응수에 비해서는 손해.

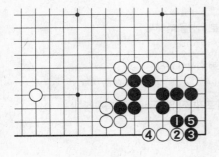

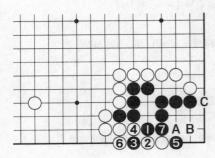

6도(정답1)

이 경우 흑1이 응수의 틀이다. 백2에 흑3~7. 흑7이 A가 아닌 점에 유의할 것. 다음 백8로 3 자리에 이으면 흑B로 백C의 젖혀이음이 선수가 안된다.

7도(정답2)

흑1도 전도와 같은 결과.

여기서 알 수 있듯이 눈목자달림에 대해서도 문제18의 9도 흑1과 문제19의 5도. 6도 흑1의 응수를 잘 가려서 사용해야 한다.

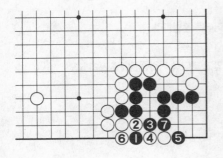

191

신 바둑10결 (新圍棋十訣)

- **청심과욕 (淸心寡慾)**
  항상 마음을 깨끗이 하고 욕심을 내지 마라.

- **정수정도 (正手定道)**
  언제나 바른 수와 정해진 도(道)로 최선을 다하라.

- **국전무인 (局前無人)**
  항상 어떤 상대라도 결코 상대방을 의식치 마라.

- **기사회생 (起死回生)**
  어떤 어려운 경우가 닥쳐도 쉽게 포기하지 않고 노력하면 다시 살아나는 방법이 있다.

- **위기삼매 (圍棋三昧)**
  항상 바둑에 전심을 다하여 무아의 경지에 빠지도록 하라.

- **겁자무공 (怯者無功)**
  어떤 경우라도 겁을 내지 말고, 과감하게 임하라. 겁이 많은 사람은 전쟁터에서 공을 세울 수 없다.

- **소탐대실 (小貪大失)**
  작은 것에 욕심을 내면 큰 것을 잃는다.

- **경적필패 (輕敵必敗)**
  아무리 약한 상대라도 결코 가볍게 여기지 마라. 상대를 가볍게 보면 이기기 어렵다.

- **단우촉발 (斷遇促發)**
  어리석은 생각을 끊어 버리고 더더욱 분발하라.

- **호상추산 (好想追算)**
  이겼다고 교만한 마음을 갖지 말고 더더욱 기력증진에 힘쓰라.

제 6장 끝내기 조견표

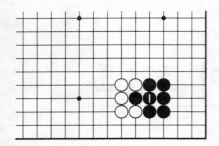

제1형(1집 미만)
반패. 쌍방이 세 수로써 1집의 패가 해결되므로 '3분의 1집'이라고 하지만 현실적으로는 반집 정도다.

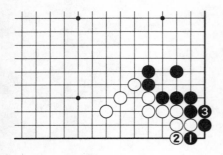

제2형(1집 미만)
흑1·3을 두어도 제1형과 똑같은 크기이다. 흑1·3과 백1과의 차는 3분의 2집이다.

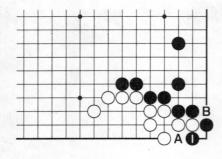

제3형(1집 미만)
나중에 백A가 남으므로 1집 미만이라고는 하지만 팻감 여하에 따라서는 1집이 되고 귀에 반패가 남게 된다.

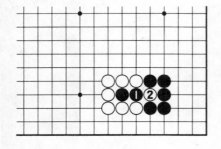

제4형(1집)
백2 다음에 흑이 한점을 되따낸다. 처음에 백이 1로 따내는 것과의 차이가 1집이다.

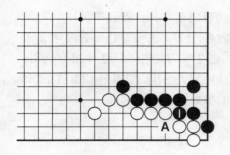

제5형(1집)

나중에 A의 손질을 필요로 하기 때문에 1집짜리.

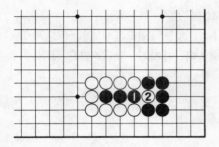

제6형(1집강)

제4형과 같으며, 흑1로 석점을 만들어 버리고 백2 다음에 되따내 처음 백1과의 차가 1집강이 된다.

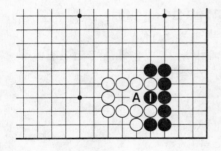

제7형(1집반)

흑1 다음, 흑A 아니면 백A이므로 백1과의 차는 1집반이다. 흑1에 즉시 백A로 받으면 선수 1집이 된다.

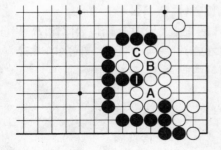

제8형(1집반)

A의 눈을 없앴으므로 우선 1집. B의 곳은 C의 권리가 반이므로 1은 1집반의 끝내기가 된다.

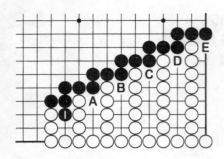

제9형(1집 이상 2집 이하)

혹1은 1집, A=1집반. B=1과 3/4
집, C=1과 7/8집, D=1과 15/16집,
E=1과 31/32집, 한없이 2집에 접근
하고 있다.

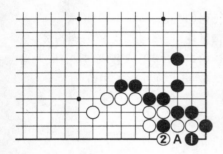

제10형(선수 1집약)

혹1은 선수 1집으로 보이지만 다음
에 백A의 여지가 있어 선수 1집약,
백이 둔다면 1에 꼬부린다.

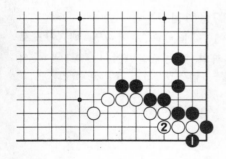

제11형(선수 1집약)

앞의 예와 같다.

반패가 남기 때문에 무조건 1집이라
고 할 수 없다.

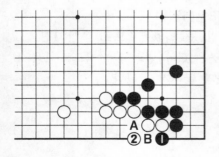

제12형(선수 1집)

혹1은 단순한 선수 1집. 백2를 A에
이어가도 다음에 백B의 막음이 백의
권리이므로 역시 똑같다.

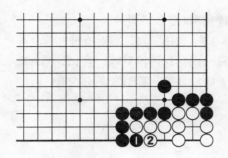

제13형(선수 1집)

백2의 응수는 절대적이므로 막는 것은 역끝내기. 역끝내기 1집이 된다.

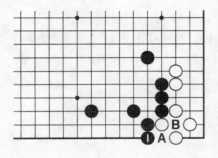

제14형(선수 1집)

흑1은 백A로 받는 경우가 많아 선수 1집. 만약에 받지 않고 나중에 흑A, 백B가 된다면 1은 후수 2집이라고 생각한다.

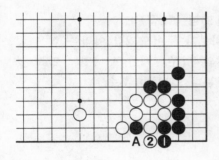

제15형(선수 1집)

흑1은 다음에 A를 보아 선수. 1이 아니고 2로 젖힌다면 후수 2집. 선수 1집이냐 후수 2집이냐는 자유로이 선택할 수 있다.

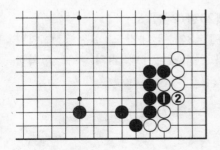

제16형(선수 1집)

흑1로 나가는 수는 선수 1집. 이런 종류의 작은 끝내기가 실전에서는 가장 많을지도 모른다.

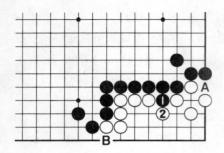

제17형(선수 1집)

흑1로 두는 것도 마찬가지이다. 흑 A도 선수 1집이 된다. 백1도 백A도 역끝내기 1집, 흑B는 후수 2집이다.

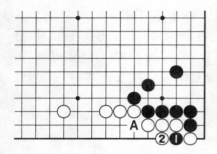

제18형(선수 1집강)

흑1로 먹여치면 A의 손질이 필요해진다. 백1로 잇는 것과 차는 1집강.

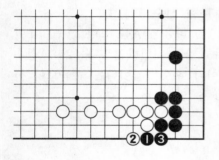

제19형 (2집)

'바보가 두어도 2집'이라는 작은 끝내기의 기본. 백이 둔다면 3으로 젖혀잇는다. 모두가 후수.

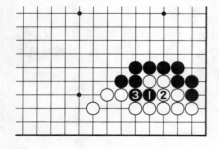

제20형(2집)

흑1·3의 끝내기도 실전에서 이따금씩 나타난다. 백3과의 차는 정확하게 2집.

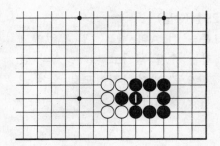

제21형 (2집)

혹1과 백1로 따내는 차는 2집. 혹 집이 1집 생기느냐, 백이 한점을 잡느냐 하는 것이기 때문에 알기쉬운 끝내기일 것이다.

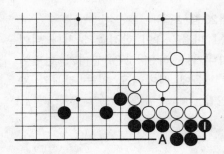

제22형 (2집)

혹1은 1집이 아니다. 1에 둠으로써 A도 혹집이 되었으므로 합계 2집.

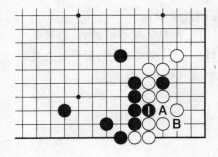

제23형 (2집)

혹1은 단순한 1집짜리가 아니다. 이 다음에 혹A에 백B가 필요하므로 합계 2집, A는 혹의 권리다.

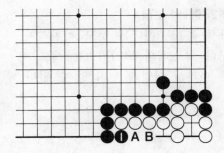

제24형 (2집)

혹1 다음 혹A, 백B가 권리이므로 백1과의 차가 2집. 1에 즉시 백A로 받는다면 2집이 아니라 '선수 1집' 끝내기.

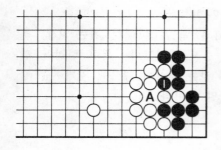

제25형 (2집)

흑1은 우선 A의 백집 1집을 없앴고 A로 잡는 수를 남기고 있다. A의 권리를 반으로 봐서 1집이므로 합계 2집이 되는 것이다.

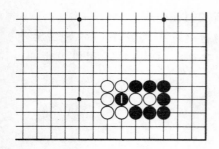

제26형 (2집)

흑1 다음. 흑이 한점을 잇거나 백이 되따내거나 하는 것은 권리가 반반이다. 처음에 백이 1로 잇는 것과의 차는 2집.

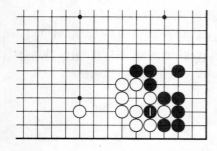

제27형 (약 2집)

흑1의 크기는 몇집이라고 판정하기 어렵다. 1의 이단패는 일반적으로는 2집의 크기로 볼 수 있다.

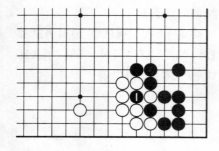

제28형 (약 2집)

다시 흑1로 따내는 것도 마찬가지. 그러나 약 2집의 크기라고는 해도 팻감에 따라서 어떻게 될지 알 수 없다.

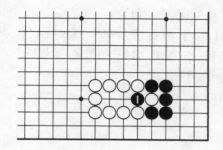

제29형 (2집강)

석점을 잡힌 다음 되따내는 수는 2집강이다. 석점이 직선이 아니라 꼬부린 형태일 때도 마찬가지.

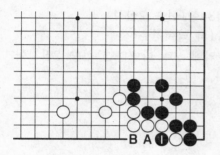

제30형 (2집강)

흑1의 따냄은 이 다음 A의 자리를 반의 권리로 하여 2집강이라는 숫자가 나온다. B에 백돌이 있는 형태라면 단순한 2집.

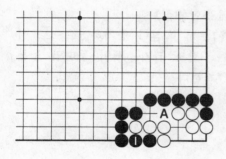

제31형 (2집반)

흑1은 단순한 2집이 아니다. 흑A라면 백은 나중에 손질이 필요하며, 그 A는 권리가 반이기 때문에 2집반으로 계산한다.

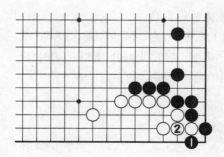

제32형 (2집약)

흑1과 백1과의 차. 흑2의 따냄이 크기 때문에 시기만 놓치지 않으면 선수로 둘 수 있다.

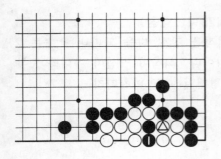

제33형(선수 2집)

혹1 다음 백은 후절수로 끊는다. 혹이 넉점을 잡고 백은 두점을 잡는다. 처음에 백1로 두는 수가 역 끝내기 2집이다.

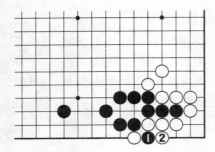

제34형(선수 2집강)

혹1의 먹여침은 정수.

만약에 2로 따낸다면 선수 2집강이 된다.

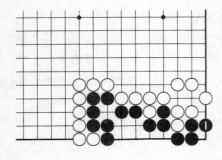

제35형(3집)

혹1로써 혹집이 증가하였으므로 이 수는 3집의 크기. 백이 둔다면 물론 1로 젖힌다.

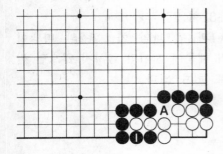

제36형(3집)

혹1로 이으면 다음에 A가 혹의 권리. 백은 즉각 받아야 한다. 즉시 백 A라면 1은 선수 2집.

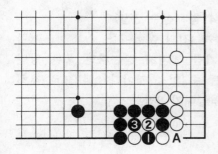

제37형 (3집)

이 몰아떨구기는 3집.

1로 먼저 먹여쳤기 때문에 4집은 아니다. 2로 A에 잇고 흑3으로 따내는 것도 마찬가지.

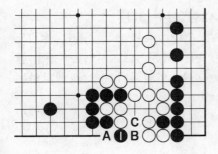

제38형 (3집)

흑1과 백A의 젖힘의 차는 3집. 1다음에 백B는 의미가 없으며, 흑도 C는 손해이다. 여기는 흑A로 잇고 백C로 될 곳이다.

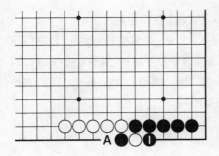

제39형 (3집약)

이 형태에서 서로 따내는 수는 3집 약이 된다. 1다음, A의 자리는 권리가 반이므로 '약'이 된다.

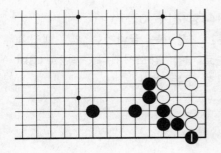

제40형 (3집강)

항상 나타나는 형태.

이런 수는 3집 이상 4집 이하라고 알고 있으면 편리하다.

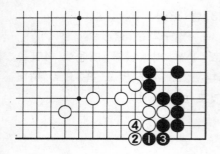

제41형 (선수 3집)

선수 3집의 젖혀이음.

시기를 놓치지 않는다면 흑은 당연히 둘 수 있을 것이다. 백3으로 젖히면 역끝내기 3집.

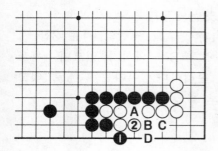

제42형(선수 3집)

흑A. 백2. 흑B. 백C. 흑1. 백D도 마찬가지. 백은 A로 지키는 것이 좋으며, 이는 역끝내기 3집에 해당하는 크기다.

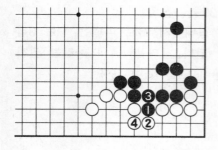

제43형(선수 3집)

흑1·3으로 끼워잇는 것은 선수다. 역으로 백3에 끼워이었을 때와 비교하면 증감은 백집 2집, 흑집 1집, 합계 3집이다.

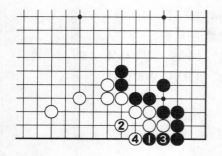

제44형(선수 3집)

흑1로 붙이는 끝내기는 맥. 백집을 선수로 3집 감소시켰다. 백2로 3에 저지할 수는 없다.

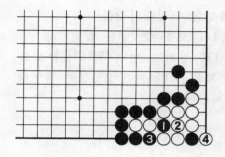

제45형 (선수 3집)

흑1에 백2로 따내면 4까지의 선수 끝내기. 처음에 백이 3으로 지키면 이의 차는 3집이다.

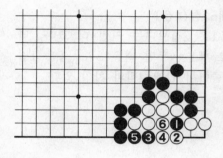

제46형 (선수 3집)

이것 또한 끝내기의 맥.

흑1의 끊음이 좋은 수로 백집을 4집으로 감소시켰다. 처음에 백5라면 7집이 생긴다.

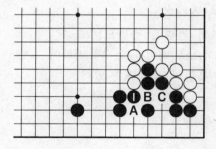

제47형 (역끝내기)

백이 먼저 두면 백1, 흑A, 백B, 흑 C가 선수가 되기 때문에 1은 역끝내기 3집이 된다.

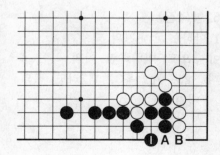

제48형 (역끝내기 3집)

흑1도 역끝내기. 백A의 단수와의 차다. 1 다음 백B, 흑A는 백의 권리로 볼 수 있다.

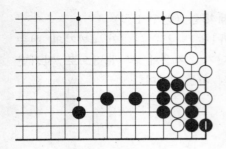

제49형(역끝내기 3집)

흑1의 꼬부림은 좋은 끝내기다. 백이 1로 붙이는 선수 끝내기가 있는 곳이므로 이의 차가 3집임을 확인하기 바란다.

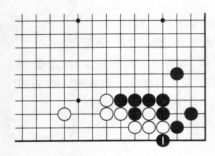

제50형(4집)

흑1은 2집보다는 훨씬 더 크다. 역으로 백1을 두면 백은 3집, 흑은 1집이 줄어서 합계 4집의 차가 있다.

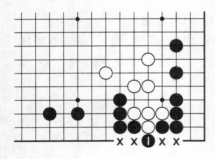

제51형(4집)

흑1의 건넘은 집만으로도 4집의 크기. 역으로 백이 두는 데 비하여 ×만큼의 흑집이 증가하고 있다.

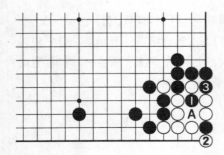

제52형(4집)

흑1 이하는 끝내기의 맥.

백이 3으로 대비하면 이의 차는 4집이다. 2로 A, 흑3, 백2라면 흑의 선수 끝내기.

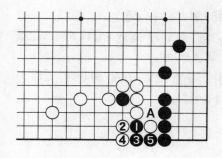

제53형 (4집)

흑1은 좋은 끝내기다. 5 다음 A의
권리는 반. 백집은 3집 감소, 여기에
A의 권리가 1집이다.

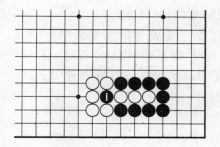

제54형 (4집약)

흑1로 따낸 다음 권리(계산)를 따지
기가 어렵다.

전체를 합하면 3과 5/6라는 숫자가
나온다. 대략으로 4집의 끝내기.

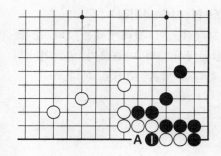

제55형 (4집 강)

흑1로 따낸 다음 A의 자리는 백이
무조건 둘 수 있다고 할 수 없다. 그
러므로 4집이 약간 강하다.

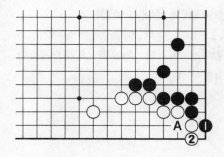

제56형 (선수 4집)

흑1 다음. A에 끊어잡는 것이 크기
때문에 거의 선수라고 보아도 틀림없
을 것이다. 백이 1로 내려 서는 수는
역 끝내기 4집.

207

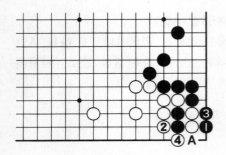

제57형 (선수 4집)

흑1의 붙임은 좋은 끝내기. 백2로 3은 흑A로 패.

백이 두면 2로 잡게 되는데, 그 차가 4집이다.

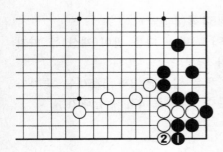

제58형(선수 4집)

흑1은 흑집을 4집 증가시킨다. 백2로 받지 않으면 백2로 기어 나가는 것이 크고 그때에는 1이 후수 11집이 된다.

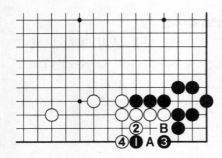

제59형(선수 4집강)

미끄러짐. 이 형태에서는 1의 눈목자 달림에서 3의 마늘모가 좋으며 선수. 4 다음 백A, 흑B로 본다.

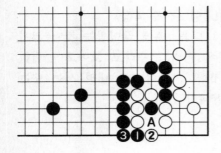

제60형(역끝내기 4집)

흑1·3의 젖혀 이음은 역끝내기. 3집에다가 백A의 손질을 요하므로 합계 4집이 된다.

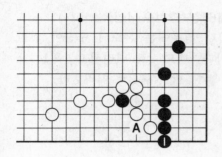

제61형(역끝내기 4집)

흑1은 백의 젖힘을 막은 역끝내기. 단순히 내려선 것은 A를 본 수로 그 권리는 반이다.

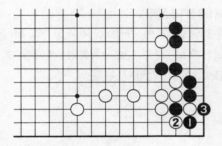

제62형(역끝내기 약4집)

귀의 상용형. 흑1·3은 계산하기가 어렵지만 대략 역끝내기 4집정도로 본다.

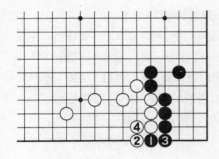

제63형(양선수 4집)

가장 알기 쉬운 양선수. 누가 젖히고 이어도 선수다.

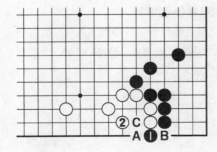

제64형(양선수 4집)

이 형태이라면 흑1에 백2로 뛰어 막는 것이 좋은 수. 다음 백A. 흑B가 백의 권리다. 2를 C면 흑A로 2집 손해.

209

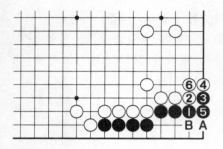

제65형(양선수 4집)

이런 경우에는 본도의 수순이 일반적이다. 백도 2로 내려서고, 흑1, 백5, 흑A, 백3, 흑B로 처리한다.

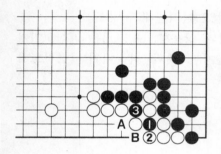

제66형'(5집약)

흑3 다음 흑이 두점을 따내고 백 되따냄. 흑의 단수. 백A. 흑의 패때림. 백B로 보아 5집약이 된다.

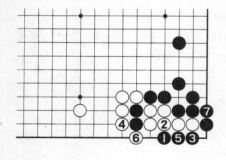

제67형(5집)

흑1의 치중이 교묘한 끝내기. 흑7까지 백집을 5집 감소시켰다. 백이 둔다면 3으로 내려선다. 1로 3에 젖히고 백1로 되는 것은 불충분.

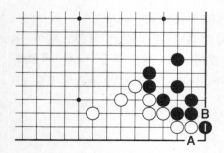

제68형(5집약)

흑1로 젖히면 다음에 A의 젖힘이 흑의 권리. 백B로 젖혀 잇는 것과의 차는 5집약.

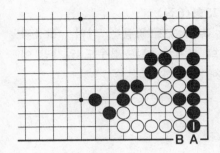

제69형(5집약)

혹1로 다음 백A와 혹B는 동등한 권리로 본다. 복잡한 계산이지만 대략 5집 끝내기.

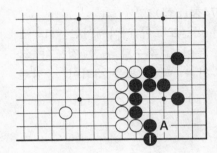

제70형(역끝내기 5집)

백1의 젖힘에는 혹A로 늦추지 않으면 안된다. 따라서 역끝내기 5집.

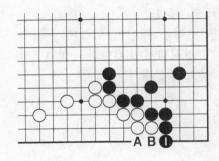

제71형(역끝내기 5집)

혹1의 내려섬이 좋은 끝내기. 다음 A의 붙임을 보고 있다. 1로 B에 젖히면 다음의 권리가 없다.

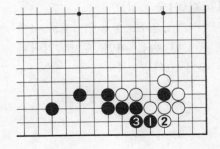

제72형(6집)

2선 젖혀 이음의 기본형으로 가장 작다. 다음 1선의 젖힘이 선수가 안되으로 6집이다.

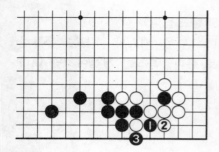

제73형(6집)

이 흑1·3도 똑같은 의미. 끊음과 젖힘의 크기가 다른 경우도 있지만 이 경우에는 같다.

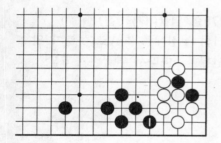

제74형(6집)

2선 마늘모. 이 배석에서는 어느 편에서 두어도 후수로 6집 정도의 크기.흑집과 백집 모두 3집이 증감한다.

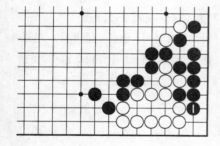

제75형(6집)

매우 어려운 계산이 되는데, 흑1의 크기가 정확하게 6집이다. 실전에서 흔히 나오는 끝내기.

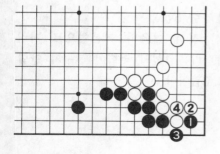

제76형(선수 6집)

흑1의 껴붙임은 상용수. 2로 4에 잇고 흑3 때 손을 빼면 흑2로 기어나가는 수가 크다.

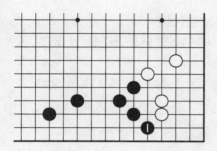

제 형(양선수 6집)

얼   로 쌍방이 모두 선수로 둘 수 있는   모.

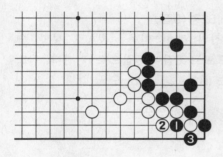

제78형(7집)

이 끊음은 6집보다 약간 크다. 흑집 4집, 백집 3집의 증감임을 쉽게 알수 있다.

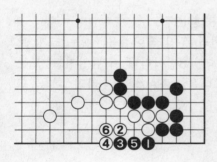

제79형(선수 7집)

흑1의 젖힘에 백은 2로 늦추지 않으면 안된다. 6까지 선수 7집이지만 두는 시기의 선택이 중요.

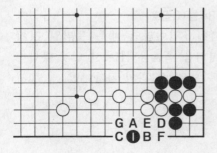

제80형(선수 7집)

눈목자달림(비마). 백A이하, G까지 정리된다. 백D와의 차가 7집이다.

213

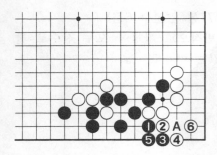

제81형(선수 7집)

이 흑1도 선수가 될 수 있을 것 같다.

2를 두지 않으면 흑A가 상당한 크기다.

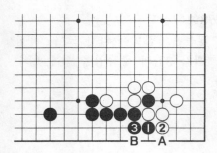

제82형(8집)

8집의 젖혀 이음. 흑A로 젖힐 수 있으므로 6집이 8집으로 커진다. 3으로는 B에 호구치는 수도 있다.

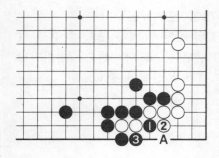

제83형(8집)

2선의 두점 끊어잡음. 매우 크게 보이는데, 8집이라니 뜻밖일지도 모른다. 다음, 흑A가 선수라면 더욱 크다.

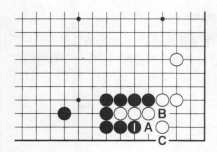

제84형(8집)

흑1이 8집이라면 매우 뜻밖일 것이다. 1다음 흑A, 백B에서 C의 젖힘이 권리이므로 백1과의 차가 8집.

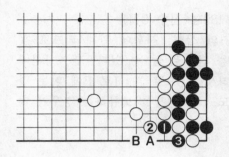

제85형 (8집강)

흑1은 역으로 백1로 잇는 것에 비하면 8집강의 끝내기가 된다. 흑A, 백B의 패가 남아 '강'이다.

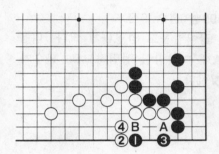

제86형 (선수 8집)

흑1로 미끄러지고 3으로 마늘모 하는 것이 정수. 백은 단순히 4로 끌고 백A의 선수를 본다. 백4로 B에 두지 말 것.

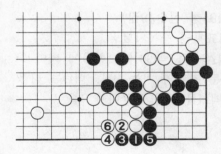

제87형 (양선수 8집)

흑1의 젖힘은 양선수 8집이라는 엄청난 크기. 종반의 빠른 시기에 두고 싶은 큰 끝내기이다.

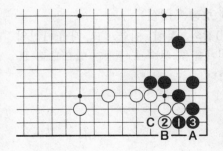

제88형 (9집)

백이 둔다면 3으로 젖히고 내려선다. 3을 A에 호구를 치고서 흑B, 백C로 굴복시키면 2집 많은 11집. 팻감에 달려 있다.

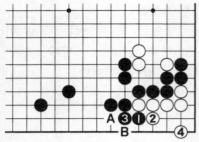

제89형(선수 9집)

귀의 상형. 사활에 관계 되므로 젖힘을 선수로 둘 수 있다. 단, 상황에 따라서는 3으로 A, 1로 B에 뛰는 경우도 있어 결정을 보류하는 경우가 많다.

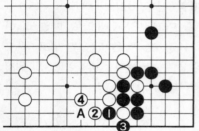

제90형(선수 9집)

이 끊어잡음도 엄청나게 크다. 다음에 A에 껴붙임이 성립하므로 선수가 될 것이다.

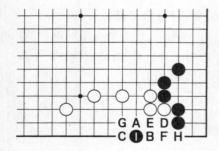

제91형(선수 9집)

대표적인 눈목자달림.

백A 이하 백G까지. 처음에 백이 D에 둔 것과의 차는 9집. 백D는 다음에 백H를 보아 역끝내기 9집.

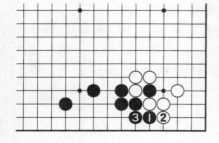

제92형 (10집)

10집의 젖혀 이음. 그 다음 1선의 젖혀이음을 선수로 둘 수 있으므로 10집이다.

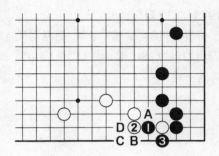

제93형(약 10집)

정석 다음의 끝내기. 1과 백A의 차는 집만본다면 약 10집. 다음 흑B에 백C인데, 백D라면 더욱 커진다.

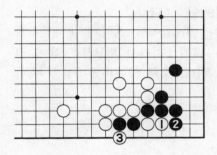

제94형(10집)

백이 1로 기어들고 나서 흑 두점을 잡는다. 흑집, 백집이 모두 5집의 차가 있으므로 꼭 10집.

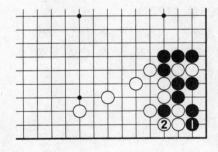

제95형(선수 약 10집)

백집이 확정되면 1의 선수 끝내기를 안심하고 둘 수 있다. 손을 뺀다면 두점을 잡는 것이 크다.

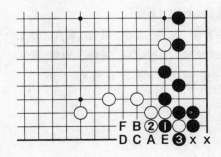

제96형 (약 11집)

끊어 잡은 다음, 흑A이하를 권리로 본다. 백1로 이으면 흑집은 ×까지 없으지므로 약 11집.

217

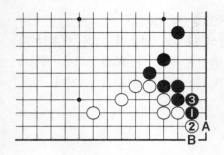

제97형 (11집)

이 배석에서의 젖혀이음도 전형적인 큰 끝내기라고 할 수 있다. 흑1·3다음 흑A, 백B.

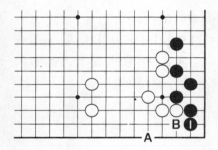

제98형 (11집)

1의 내려섬에서 A의 눈목자달림을 보아 11집. 따라서 백B의 막음이 크다. 흑B로 젖혀 잇는다면 9집.

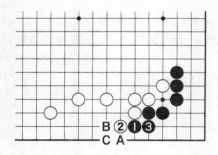

제99형 (12집)

흑A에는 백B로 늦추지 않으면 안 되기 때문에 12집. A에 C로 막을 수 있다면 10집이다.

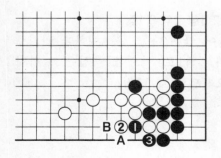

제100형 (12집)

두점을 잡는 것은 다음 흑A, 백B가 되므로 12집이나 된다. 백이 둔다면 1로 이은 다음 3이 백의 권리.

양상국 바둑특강

절묘한 맥 V

2000년 2월 15일 발행
2000년 2월 15일 1쇄

저　자 : 梁　相　國
발행자 : 趙　相　浩

발 행 처 : ㈜ 나 남 출 판

1 3 7 -0 7 0　　　서울 서초구 서초동 1364-39 지훈빌딩 501호
전화 : (02) 3473-8535 (代),　FAX : (02) 3473-1711
등록 : 제 1-71호 (79.5.12)
홈페이지 : http://www.nanamcom.co.kr
천리안, 하이텔 ID : nanamcom

ISBN　89-300-2036-4　　　　　　　　값 7,500 원
ISBN　89-300-2037-2 (전 5권)